Von Gutenberg zum World Wide Web

D1725086

Mainzer Studien
zur Buchwissenschaft

Herausgegeben von
Stephan Füssel

Band 26

2022
Harrassowitz Verlag · Wiesbaden

Von Gutenberg zum World Wide Web

Aspekte der Wirkungsgeschichte von
Gutenbergs Erfindung – zur Neukonzeption
des Mainzer Gutenberg-Museums

Herausgegeben von
Stephan Füssel

2022

Harrassowitz Verlag · Wiesbaden

Abbildungen auf dem Umschlag: Holzschnitt „Johannes Gutenberg", in: Heinrich Pantaleon: *Teutscher Nation Heldenbuch*. Basel 1567, S. 507 (im Original links-schauend).
Foto: Digital technology face artificial intelligence. Designed by starline / Freepik.

Gefördert mit Mitteln der Alexander Karl-Stiftung, Mainz

Bibliografische Information der Deutschen Nationalbibliothek
Die Deutsche Nationalbibliothek verzeichnet diese Publikation in der Deutschen
Nationalbibliografie; detaillierte bibliografische Daten sind im Internet
über https://dnb.dnb.de abrufbar.

Bibliographic information published by the Deutsche Nationalbibliothek
The Deutsche Nationalbibliothek lists this publication in the Deutsche
Nationalbibliografie; detailed bibliographic data are available on the internet
at https://dnb.dnb.de.

Informationen zum Verlagsprogramm finden Sie unter
https://www.harrassowitz-verlag.de
© Otto Harrassowitz GmbH & Co. KG, Wiesbaden 2022
Das Werk einschließlich aller seiner Teile ist urheberrechtlich geschützt.
Jede Verwertung außerhalb der engen Grenzen des Urheberrechtsgesetzes ist ohne
Zustimmung des Verlages unzulässig und strafbar. Das gilt insbesondere
für Vervielfältigungen jeder Art, Übersetzungen, Mikroverfilmungen und
für die Einspeicherung in elektronische Systeme.
Gedruckt auf alterungsbeständigem Papier
Cover: Selina Hesselschwerdt und Anna Maciejewska
Satz: Albert Ernst, Wiesbaden
Schriften: Adobe Jenson und Myriad
Druck und Verarbeitung: Memminger MedienCentrum AG
Printed in Germany
ISSN 0946-090X   ISBN 978-3-447-11932-0
eISSN 2752-2024   eISBN 978-3-447-39318-8

Inhalt

Stephan Füssel

Ein Wort zuvor

Der Sammelband stellt einige Überlegungen zur Bedeutung und Wirkungsgeschichte der Gutenbergischen Erfindungen bereit und zeigt deren lebendige Weiterentwicklung bis in die Gegenwart – aus Anlass der zurzeit diskutierten Neukonzeption des Mainzer Gutenbergmuseums.

Die Anfänge des Mainzer Gutenbergmuseums um 1900
Bei der Gründung des Museums im Kontext der Feiern zu Gutenbergs fiktiven 500. Geburtstag im Jahre 1900 traf Bürger-Engagement mit wissenschaftlicher und bibliothekarischer Expertise zusammen:

Die großartige ideelle und finanzielle Unterstützung der Stadtgesellschaft ermöglichte gemeinsam mit auswärtigen Experten ein Ausstellungskonzept, das historische Authentizität mit einer populären Veranschaulichung von Gutenbergs umstürzender technischer Erfindung und ihre Bedeutung für die Welt-Mediengeschichte verband, von vorneherein mit einer internationalen Perspektive (so der Göttinger Bibliothekar und Initiator Karl Dziatzko im Jahre 1900).

Die Organisatoren nahmen sich u.a. die zeitgleiche Weltausstellung in Paris zum Vorbild, die den hohen Stand und die Bedeutung des Buchdrucks nicht nur historisch, sondern vor allem mit der herausragenden zeitgenössischen Drucktechnik präsentierte.

Daher schrieben die Veranstalter der geplanten Ausstellung im Mainzer Kurfürstlichen Schloss die führenden Fabrikanten und Drucktechniker des In- und Auslandes an und erbaten Papier- und Satzproben, Schriften und Schriftmusterblätter, die neuesten Setz-, Druck- und Buchbindemaschinen etc., um alles anschaulich dem Publikum vorführen zu können. Die Ausstellung sollte nicht nur museal, sondern ein lebendiger Ort zum Kennenlernen und Ausprobieren der aktuellen Technik sein: der zeitgenössischen Lithographie, Chromolithographie, Algraphie, Autotypie, der Farblicht-Drucke etc. etc.

Und neben die Herstellungstechnik platzierte man deren herausragende Produkte: Exponate, die die hohe Qualitätsstufe der jeweiligen technischen Herstellung in Geschichte und Gegenwart zeigten: so holte man eine *Gutenberg Bibel* (B42) von 1454 aus Frankfurt a.M., den *Mainzer Psalter* von 1457 aus Darmstadt, die *Bibel mit 36 Zeilen* aus Jena, daneben zeigte man die »Brotartikel« (Kleindrucke) wie *Ablassbriefe* von 1455, lat. *Grammatiken* und *Ratgeber*. Insgesamt eine überzeugende Auswahl aus den damals etwa 4000 Inkunabeln (Frühdrucke bis zum Jahre 1500) der Mainzer Stadtbibliothek, daneben zeigte man die Anfänge der *Zeitungen* aus dem 16. und 17. Jahrhundert und Dokumente der Aufklärung des 18. Jahrhunderts neben dem reichen Druckschaffen der Gegenwart. Aus statischen Gründen zeigte man im Parterre des Schlosses Schnellpressen von Koenig & Bauer, Setzmaschinen wie eine *Linotype Simplex*, baute eine Schriftgießerei nach etc.

Aus dieser temporären Sammlung entstand das Gutenberg-Museum (und zur Unterstützung und wissenschaftlichen Begleitung wurde die Gutenberg-Gesellschaft 1901 gegründet); das Museum blieb – als Teil der Stadtbibliothek – zunächst bis 1912 weiter im Kurfürstlichen Schloss (im II. Stock) und kam anschließend in den Neubau der Stadtbibliothek in der Rheinallee 3 3/10 (wo sich die Stadtbibliothek noch heute befindet).

Der Bibliothekar und bedeutende Gutenberg-Forscher Aloys Ruppel (1882–1977) bedauerte es in den 20er Jahren, dass das Gutenberg-Museum zu sehr vom Bibliotheksalltag dominiert werde und richtete so rasch wie möglich eine rekonstruierte Druckerwerkstatt ein und konnte 1925 einen eigenen Band der Gutenberg-Bibel des Grafen Solms-Laubach erwerben. So kam es zu einem anschaulichen Nebeneinander von der Technikgeschichte mit den Exponaten und zu einer sinnfälligen Dokumentation der Folgen des Buchdrucks für die weltweite Geistes- und die Bildungsgeschichte.

Die Weiterentwicklung des Gutenberg-Museums
Seit 1926 wurden von der Stadt die Patrizierhäuser am Liebfrauenplatz »Zum König von England« und »Römischer Kaiser« für das Museum bereitgestellt. Der Renaissancepalais wurde 1962 mit einem Museumsneubau (benannt nach dem Architekten Rainer Schell) verbunden und erhielt zum Jubiläumsjahr 2000 einen Erweiterungsbau durch den Förderverein Gutenberg (Druckladen und neue Ausstellungsflächen). Nach längeren Diskussionen und Planungen steht nun 2022 fest, dass der »Schellbau« abgerissen wird und ein

Teilansicht der Gutenberg-Werkstätte im Gutenberg-Museum zu Mainz (1925). Stadtarchiv Mainz-BPS

Neubau mit einer grundsätzlichen Neukonzeption im Verbund mit dem Erweiterungsbau von 2000, dem Haus zum Römischen Kaiser und dem angrenzenden ehem. Hotel zum Schwan entstehen wird. Im Sommer 2022 wurden 25 Planungsbüros beauftragt, ihre Entwürfe für den Neu- und Umbau des Museums zu erstellen.

Der neu berufene engagierte Museumsdirektor Dr. Ulf Sölter kann auf Vorüberlegungen zurückgreifen und erarbeitet zurzeit für den mehrjährigen Umzug in der Bauphase eine Übergangsausstellung im Mainzer Naturhistorischen Museum ab 2023 und parallel dazu mit den Büros die Neukonzeption.

Dank

Als kollegialer Gruß von der Buchwissenschaft der Gutenberg-Universität und von der Gutenberg-Gesellschaft – wiederum mit Unterstützung einer Bürgerstiftung, der Alexander Karl Stiftung, die dankenswerterweise die Finanzierung des Bandes unterstützt hat, wird versucht, den Kontext der Bedeutung Gutenbergs in einigen Facetten zu erhellen:

– Die zeitgenössische und andauernde Bedeutung von Gutenberg und seiner Erfindung (Prof. Dr. Stephan Füssel, Buchwissenschaft, Univ. Mainz),
– einige Akzente der Weiterentwicklung neuer Medien, so die Entstehung des neuen Mediums »Zeitung« seit dem 16. Jahrhundert (Prof. Dr. Jürgen Wilke, Publizistik, Univ. Mainz),

– die wichtige Rolle der Schriften für die Volksaufklärung im 17./18. Jahrhundert (Prof. Dr. Harald Böning, Deutsche Presseforschung, Univ. Bremen)
– den Wandel von analog zu digital im Buchmarkt der Gegenwart (Prof. Dr. Gerhard Lauer, Buchwissenschaft, Univ. Mainz).
– Einer der führenden Medientheoretiker unserer Tage (What would Google do?), der Journalist, Professor (City University of New York) und Blogger Jeff Jarvis steuert grundlegende Überlegungen zu den Chancen und Möglichkeiten des World Wide Web bei, indem er die Potentiale der alten und der neuen Entwicklung kreativ vergleicht.

Der Herausgeber möchte mit dieser Publikation die enge Verbindung von Universität und Stadt, und von der Internationalen Gutenberg-Gesellschaft und der Gutenberg-Stiftung mit dem Gutenbergmuseum würdigen, die gemeinsam versuchen, das Erbe Gutenbergs lebendig zu erhalten und ideell und finanziell den Neubau unterstützen.

Herzlicher Dank gilt dem langjährigen Vorstandsvorsitzenden der Alexander-Karl-Stiftung, Herrn Richard Patzke für die Unterstützung dieser Publikation, der umsichtigen Redakteurin Selina Hesselschwerdt, dem Leiter des DTP-Studios der Buchwissenschaft der Gutenberg-Universität Dr. Albert Ernst und den Autoren, die kollegial diese Publikation ermöglicht haben, sowie dem Harrassowitz-Verlag, der diesen Band der *Mainzer Studien zur Buchwissenschaft* vor Ort und durch seinen internationalen Vertrieb – analog und digital – weltweit verbreitet.

Mainz, am Johannisfest 2022
Stephan Füssel
Vizepräsident der Internationalen Gutenberg-Gesellschaft

Stephan Füssel

Der Vater
der Massenkommunikation.
Johannes Gutenberg – ein Porträt

Der Mann aus Mainz – ein innovativer Erfinder und wagemutiger Kaufmann

Über Henne Gensfleisch zur Laden, genannt Gutenberg (geb. ca. 1400 – gest. vor dem 26. Februar 1468) wissen wir auf den ersten Blick recht wenig, nicht einmal ein authentisches Porträt ist bisher bekannt geworden.

Das älteste datierbare Bildnis ist ein Holzschnitt aus dem biographischen Sammelwerk des Baseler Arztes Henricus Pantaleon *Prosopographia heroum atque illustrium virorum totius Germaniae*, gedruckt von Nikolaus Brylinger 1565–1566. Im zweiten Band (S. 397) findet sich ein Artikel über »Joannes Gutenberg et Ivo Schefferus«, in dem nach den Angaben in der *Kölner Chronik*[1] die Geburtsstunde der Buchdruckerkunst auf das Jahr 1440 festgelegt, die Rolle von Johannes Fust und Peter Schöffer betont und die Ausbreitung der Buchdruckerkunst durch Johannes Mentelin, Peter Schöffer und Johannes Froben nördlich der Alpen und durch deutsche Buchdrucker auch in Italien hervorgehoben wird.

Der dazugehörige Holzschnitt (58 × 42 mm) zeigt das Portrait eines nach rechts schauenden älteren Mannes mit gestutztem Bart und flachem Barrett. Derselbe Holzschnitt wird in dem Band aber für verschiedene Personen verwendet, so unter anderem für den Bischof Remigius von Reims (ca. 436 bis 533), der den Merowingerkönig Chlodwig I. um das Jahr 500 getauft haben soll, den irischen Wandermönch, Missionar und Klostergründer, den Hl. Columban von Luxeuil (540 bis 615), den fiktiven Bürgermeister Hermann Grin aus Köln (um 1262), dessen Sage die anhaltenden Auseinandersetzungen zwischen der Stadt und dem Erzbischof spiegelt, und Pompeius Occo Phrisius

(1483 bis 1537), den Vertreter des Bankhauses Fugger in Amsterdam. Bereits die unterschiedlichen Epochen und Lebensumstände der Personen zeigen, dass es sich in keinem Fall um ein echtes Portrait handeln kann.

Wenn man sich aber auf die Spurensuche begibt, entsteht ein prägnantes Bild einer bemerkenswerten Persönlichkeit in einer virulenten Umbruchzeit: Aus den wenigen überlieferten Zeugnissen geht hervor, dass Gutenberg – aus einer Mainzer Kaufmannsfamilie stammend – ein gewiefter Tüftler, ein innovativer Erfinder und wagemutiger Kaufmann gewesen ist.

IOANNES GVTENBERG, ET IVO SCHEFFERVS.

INter artes pulcherrimas & præstantissimas nõ immeritò impressoria maxima cēsenda est, qua uno die duo homines tantum literarũ inprimunt, quantum uix anno integro plures antea scribere potuerunt. Eius primi authores fuerunt Ioannes Faustus, & Iuo Schefferus, Anno 1440. Illi enim Moguntiæ Germanorum existentes, atq; diuino ingenio ualentes de hac re diu cogitarunt.tãdem uerò literas formantes composuerunt, atq; huius artis specimen exhibuerũt. Erat autem ars illa pri mò abscondita & paucis manifestata.literas enim in saculis clausis secum in officinas ferebant,ac ab euntes auferebant: donec temporis successu ars aucta, atq; plurimùm illustrata fuerit. Postea superuenêre Ioannes Gutenber ger, Ioan-

Kk

S. COLVMBANVS.

S. Columbanus cum Gallo, Eustasio, & Agilo magno zelo ducti patriam suam Hiberniam & Angliam reliquerunt (in quibus tum Christia na religio florebat (& ad Rhenēses Euangelĩ præ dicandi gratia profecti sunt,anno Christi 566. ut Si gebertus testatur.Erat aũt tum Sigebertus Austra liorũ rex.Itaq; eius uenia impetrata Sueuis & Ger manis, qui Gallis proximi erant, magna cõstantia Christũ prædicarũt, & ecclesiã fundarũt. Cum aũt p multos annos passim ad Rhenũ multos ad Chri sti religionẽ adduxissent, Colũbanus & Gallus ad lacum Brigantinum profecti,et per trienniũ in op pido Bregentz cõmorati,idolorũ cultũ destruxe rũt.Id uerò idolatræ ægre ferebãt,atq; Colũbanũ maximo odio psequeban tur.pterea is Gallo eã regione cõmittens,ulterius psectus ad Boios puenit, atq; in ea regiõe ardēti animo denuò Christũ crucifixũ hominib. annũtiauit

Er verließ 1434 die nur 6000 Einwohner zählende Vaterstadt, in der zwischen den Zünften und den Patriziern ständige Unruhen herrschten, um den Rhein hinauf in die mit 25.000 Einwohnern größere Stadt Straßburg zu ziehen, die sowohl im Finanzgeschäft als auch beim Handwerk kreative Köpfe anzog. Er konnte dort ein Erfinder-Team zusammenstellen, mit einem Finanzier, einem Drechsler, einem Papiermacher und Fachleuten für Experimente mit Metall-Legierungen und Drucktinten, mit denen er das »Werk der Bücher« als ein Geheimunternehmen führte. Sie bauten die Spindelpresse zu einer Druckerpresse um, lernten vom Glocken- und vom Bleiguss und

Abb. 1 a–d: Ältestes bekanntes Porträt für Gutenberg – und weitere Personen

Der Vater der Massenkommunikation

entwickelten eine serielle Produktionsweise. Zurück in Mainz führte Gutenberg ab 1448 diese Technik mit dem Geldgeber Johannes Fust (um 1400–1466) zur Marktreife und die Typografie mit Peter Schöffer aus Gernsheim (1425–1503) zur Meisterschaft, die zu Recht bestaunt wird und unser aller Leben und Bildungsgang noch heute beeinflusst.

Zeitgenossen erkannten sofort die Bedeutung der Erfindung

Auch von seiner Wirkungsgeschichte her kann man Gutenbergs Bedeutung für die Welt-Mediengeschichte nachzeichnen. Denn seine Zeitgenossen haben – erstaunlicherweise – sofort erkannt, dass sich durch die Erfindung des Buchdrucks mit beweglichen Typen etwas Großes abzeichnete.

U.a. jubelte der Schweizer Humanist und Reformator Joachim Vadian (1484–1551) aus St. Gallen: »Der Deutsche, der Buchstaben aus Metall goss und nachwies, dass durch einen einzigen Druckvorgang in der Presse die Tageshöchstleistung flinker Schreiberhände übertroffen wird, überstrahlt sämtliche Erfindungen der Antike; gepriesen und unendlich glücklich sei er!«

Und Vadian ordnet in seinem *Wohlverdienten Lob der Buchdruckerkunst* Gutenbergs Erfindung in die Welt-Mediengeschichte ein:

Er erinnert an die *erste Medienrevolution* im 4. Jahrtausend v. Chr., mit dem Übergang von der Mündlichkeit zur Schriftlichkeit, durch die es erstmals möglich wurde, Wissen über Generationen und über Grenzen hinweg zu tradieren. Und die Erfindung der beweglichen Metalllettern Gutenbergs preist er als die *zweite Medienrevolution:* durch den technischen Geniestreich Gutenbergs ergäben sich ganz neue Möglichkeiten der Verbreitung von Wissen und Bildung für jedermann!

Wissen für jedermann – Universitätsgründungen

Der Humanist Conrad Celtis (1459–1508) sieht vor allem einen qualitativen Aspekt: durch Gutenbergs Kunst könnten die Länder nördlich der Alpen endlich »Anschluss an die geistige Größe der Antike finden«, was zuvor allein den Italienern vorbehalten gewesen sei. Er beschreibt die Erfindung mit der noch staunend-unpräzisen Formulierung, die Technik erlaube, »feste Typen aus Erz zu formen und die Kunst zu lehren, mit umgekehrten Buchstaben zu schreiben«.

Dies ermögliche nun die Edition von lateinischen Texten (und damit Teilhabe an der ihr »innewohnenden Weisheit«), Wissensvermittlung in erschwinglichen Textausgaben mit philologischer Exaktheit und in angemessener äußerer Gestaltung, sowie erstmals fundierte universitäre Lehre und Forschung: die Gründung von Universitäten (Freiburg 1457, Basel 1459, Venedig 1470, Mainz 1477) bzw. die erste Universitätsdruckerei an der Sorbonne in Paris 1470 sprechen für sich.

Der bayerische Geschichtsschreiber Johannes Aventinus (1477–1534) resümiert in einer Chronik zum Jahr 1450: »Die literarischen Studien blühen, eine Menge Bücher steht um billiges Geld auch den Armen zur Verfügung; bei so bequemer Möglichkeit des Zugangs zur Welt der Bücher sieht sich jedermann geradezu verlockt, höherer Bildung teilhaftig zu werden.«

Auch wenn die Verherrlichung des Buchdrucks in diesen Lobreden – gattungsgemäß – übertrieben erscheint, so wurde doch ihre Auswirkung sofort begriffen und klug analysiert: Wissen, das zuvor weltlichen und kirchlichen Obrigkeiten vorbehalten war und in wenigen Handschriften tradiert wurde, stand nun prinzipiell jedem Lesefähigen zur Verfügung.

Rasch ergaben sich die Anwendungsmöglichkeiten: Als erstes für die römische Kirche, die bestrebt war, verlässliche und identische Texte für den liturgischen Gebrauch im Gottesdienst und für die Verbreitung des Wortes Gottes bereitzustellen. Insofern war es ein genialer Schachzug Gutenbergs, als erstes Buch von Bedeutung die lateinische *Vulgata* (die *allgemein* gültige Ausgabe der Bibel) mit 42 Zeilen (B 42) zu drucken, auf 1.286 Seiten in jeweils zwei wohl ausgeglichenen Kolumnen im Großformat, die Platz für gemalte Initialen und Illuminierungen ließen.

Die lateinische Bibel – ein Meisterwerk gleich zu Beginn (1454)

Die in Mainz gedruckte Bibel (B 42) wurde nicht nur zum Meilenstein in der Mediengeschichte, sondern auch für die Textgeschichte der lateinischen Bibel. Da sie in einer Auflage von 180 Exemplaren (in derselben Zeit, in der sonst **eine** Bibel abgeschrieben wurde) hergestellt wurde, bot sie für die nachfolgenden Jahrhunderte die entscheidende Textgrundlage. Gutenberg hatte sich – mit klugen Beratern – für eine sog. kritische Ausgabe entschieden, die am Ende des 13. Jahrhunderts von den Theologen der Sorbonne erarbeitet worden war. Eine Handschrift aus Mainzer Klosterbeständen, die vermutlich der Pfarrer von St. Christoph in Mainz, Heinrich Günther, Gutenberg empfohlen hatte, rückte damit in das Zentrum der Theologie- und Editionsgeschichte des bedeutendsten Buches des christlichen Abendlandes.

Und Gutenberg erwies sich auch als ein genialer Verkäufer: Auf dem Frank-

Erste Seite der Gutenberg-Bibel (B 42) Brief des Hl. Hieronymus an den Priester Paulinus, Bd. I., Fol. 1 recto. Ex: SuUB Göttingen, Sign.: 2° Bibl. I., 5955. Inc. Rara Cm. Nach dem Reprint, hg. v. St. Füssel. Köln: Taschen 2018.

furter Reichstag (und der zeitgleichen Frankfurter Messe) im Oktober 1454 stellte er die ersten gedruckten Bogen der Bibel vor und fand damit das Interesse von Enea Silvio Piccolomini (1405–1464, Bischof von Siena und späterer Papst Pius II., 1458–64), der begeistert von einem *vir mirabilis* (einem bewundernswerten Mann) berichtet, der die sehr gut lesbare (»sogar ohne Brille zu lesen«) Bibelausgabe angeboten habe, von der bereits alle 180 Exemplare ausverkauft seien. Und er berichtet zudem, dass einige dieser Druckbogen auch direkt zum Kaiser Friedrich III. nach Wiener Neustadt geschickt worden seien.

Mit Gutenbergs aktiver Werbung für die Bibel beim Frankfurter Reichstag im Oktober 1454 und durch die Übersendung direkt an den Hof Kaiser Friedrichs III. im März 1455 waren die entscheidenden Persönlichkeiten im Hl. Römischen Reich und in der römischen Kurie in das Wissen um die neue Kunst eingebunden.

Die Erfolgsgeschichte dieser ersten gedruckten Bibel setzte sich fort: sie wurde bereits 1458 in Bamberg, 1462 von Fust und Schöffer in Mainz, 1471 in Rom, 1476 in Venedig, 1491 in Basel usw. exakt nachgesetzt und gedruckt.

Massenauflagen durch »Brotartikel« wie Ablassbriefe und Ratgeber

Parallel dazu entstanden kleinere Drucke, sogenannte »Brotartikel«, mit denen der Unterhalt der Werkstatt gesichert werden konnte, während noch an der Verfeinerung der Technik und am umfangreichen Bibelmanuskript gearbeitet wurde. Es handelte sich einmal um **Ablassbriefe** der römischen Kirche, ein klassischer Formulardruck, in den dann lediglich Name, Datum und Unterschrift per Hand eingetragen wurden. Nach einer individuell festgelegten Spende wurden solche Ablassbestätigungen herausgegeben, die bei der nächsten Beichte vorgelegt werden konnten, um einen sogenannten *vollkommenen Ablass von zeitlichen Sündenstrafen* zu erzielen. In den Vatikanischen Archivalien lassen sich die Auflagenhöhen von jeweils mehreren Tausend (!) Exemplaren zu bestimmten Anlässen nachweisen.

In Mainz wurde auch das erste Schulbuch gedruckt: die lateinische **Grammatik** des spätrömischen Grammatikers Aelius Donatus. Zu Gutenbergs Lebzeiten wurden von dieser meist 28-seitigen Grammatik mindestens 24 Auflagen hergestellt, von denen sich kein Exemplar bis heute vollständig erhalten hat; sie wurden von den Schülern und Studenten regelrecht »aufgearbeitet«.

Gutenberg gab auch andere populäre Schriften heraus, so z. B. einen **Kalender** für das Jahr 1455 mit einem hochaktuellen politischen Thema, dem Vormarsch des Osmanischen Reiches Richtung Westen. Über diese Bedrohung hatte beim Reichstag im Oktober 1454 in Frankfurt der wortgewaltige Agitator gegen das Vorrücken des Islam, der Kreuzzugsprediger Giovanni Capistrano, gesprochen. Von der kleinen Schrift mit 6 Blättern *Eine Mahnung der Christenheit wider die Türken* hat sich bis heute nur ein einziges Exemplar in der Bayerischen Staatsbibliothek in München erhalten.

Daneben wurden päpstliche Verlautbarungen, sog. *Bullen*, gedruckt oder ein *Aderlass- und Laxierkalender*, der die geeigneten Tage verzeichnete, um zur Ader gelassen zu werden oder um Abführmittel einzunehmen. Die Ratgeberliteratur gehörte unmittelbar zu den ersten Drucken.

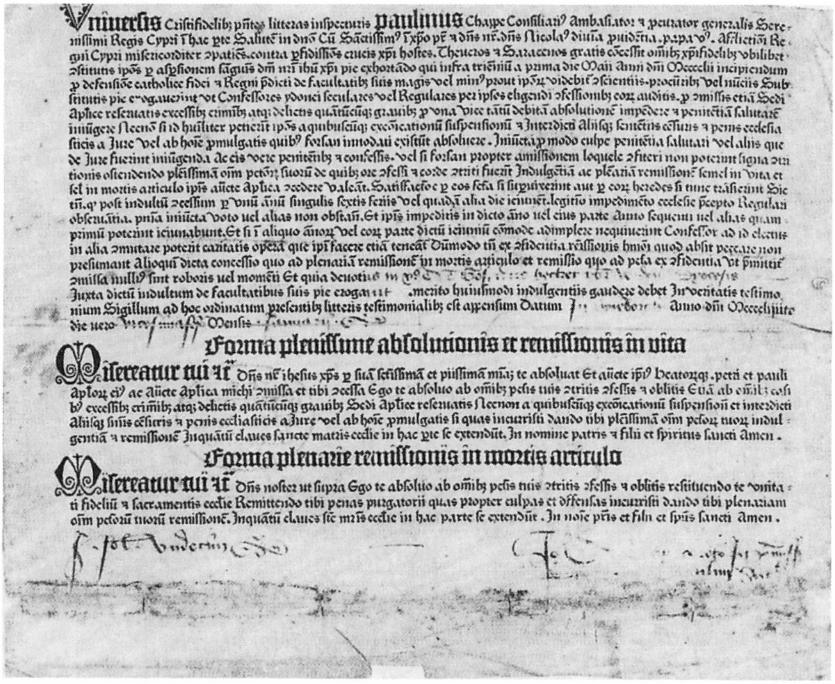

Forma plenissime absolutionis et remissionis in vita

Forma plenarie remissionis in mortis articulo

Abb. 3: 31-zeiliger Ablassbrief von Papst Nikolaus V. an den König von Zypern. 4. Aufl. 1455. Ex. der SuUB Göttingen, Sign. 2° Hist. lit. libr. I, 751, Nr. 10.

Bereits um 1468 haben sich neue Erscheinungsformen herausgebildet, z. B. das Titelblatt (das bei der Einzelbestellung von Handschriften vorher nicht nötig gewesen war), die Seitenzählung und praktische Register, die den Inhalt erschlossen, auch ein kleineres Buchformat zur individuellen Lektüre setzte sich bald durch.

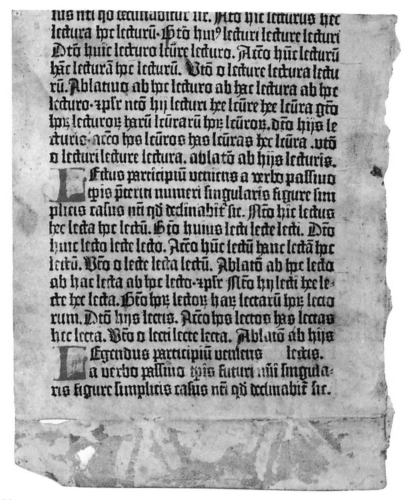

Abb. 4: Aelius Donatus: Ars minor (Lateinische Grammatik). Mainz: Gutenberg-Museum, Sign. Ink. 104.

Das Geheimwissen der Kräuterlehre, seit Hildegard von Bingen u.a. von Handschrift zu Handschrift übertragen, wurde nun – von Peter Schöffer in Mainz – in einem *Herbarius maguntiae (1484)* und in einem *Gart der Gesundheit (1485)* gedruckt, mit 379 Holzschnitten, die in der Werkstatt koloriert wurden, sodass man die Blüten auch in ihren unterschiedlichen Stadien erkennen konnte. Es erschienen *Rechenbücher* und auch *Gesundheits-* und *Hebammenratgeber* in der Volkssprache, so der *Swangeren Frowen und Hebammen Rosegarten (1513)* mit »geheimem Wissen der weisen Frauen«, das nun populär verbreitet werden konnte.

Ein Siegeszug der Erfindung quer durch Europa

Die Entwicklung nahm einen rasanten Verlauf: bis zum Jahre 1500 (der Frühdruckzeit) gab es in Mitteleuropa etwa 300 Offizinen, die 28.000 unterschiedliche Titel in ca. 12 Millionen Exemplaren zum Druck brachten.

Durch die Mainzer Stiftsfehde 1462 waren zahlreiche Einwohner gezwungen, die Stadt zu verlassen und in diesem Zusammenhang gingen Druckergesellen in alle Welt hinaus: zunächst nach Köln und nach Bamberg, nach Straßburg und Basel, nach Italien und Frankreich, schließlich nach Valencia in Spanien. Von London bis nach Krakau und von Neapel bis nach Stockholm wurde bald gedruckt; neben der Kirche waren die Universitäten und die Handelsstädte die größten Abnehmer und Beförderer.

Flugblätter, die Reformation und die »Newe Zeytung«

Gedruckte Flugblätter verbreiteten Nachrichten aus Kriegsgebieten und von repräsentativen Anlässen wie dem festlichen Einzug eines Herrschers in eine Fürstenstadt und schufen so erste Formen von Nachrichtenübermittlung, die zunächst auf Einzelfälle und lokale Ereignisse beschränkt waren. Der Habsburger Kaiser Maximilian I. (1459–1519) bediente sich aber geschickt des Buchdrucks, in dem er z.B. zur Vorbereitung von Reichstagen wichtige Informationen vorab verbreitete. Und von militärischen Erfolgen ließ er gereimte Lieder dichten, die mit anschaulichen Holzschnitten seinen Ruhm im Flugblatt verkündeten.

Die Reformation der Kirche im 16. Jahrhundert war nach dem aus Italien kommenden Humanismus die nächste bedeutende geistige Bewegung, die durch den Buchdruck eine ungeahnte Kraftentfaltung bekam. Luthers Predigten waren sehr rasch als Flugschriften an vielen Orten im Reich verfügbar, der geniale Einsatz von neuen Liedtexten auf bekannte Melodien verbreitete das Glaubensgut in Windeseile von Wittenberg bis Konstanz. Die Flugblätter auf beiden konfessionellen Seiten scheuten sich aber auch nicht vor Polemik und Propaganda. Sie nannten sich oft *Newe Zeytung*, also »Neue Nachricht«. Es dauerte aber noch bis 1605, bis regelmäßig erscheinende Zeitungen auf den Markt kamen und erst 1650 erschien die erste Tageszeitung in Leipzig.

Am Ende des 17. Jahrhunderts entstanden die *Gelehrten Zeitschriften*, die den akademischen Disput verbreiteten und im 18. Jahrhundert den entscheidenden geistigen Aufbruch der Aufklärung vorbereiteten. Die Volksaufklärung nutzte das neue Medium, um Ratgeber und Bildung unter den Menschen zu verbreiten.[2] Johann Wolfgang von Goethe fasste diese Entwicklung 1820 pointiert zusammen: »Die Buchdruckerkunst ist ein Faktum, von welchem ein *zweiter* Teil der Welt- und Kunstgeschichte datiert, welcher von dem ersten Teil ganz verschieden ist.«

Heute werden wir Zeugen einer *dritten* Medienrevolution, die erneut eine erweiterte Form des Zuganges zu Wissen und Fakten und zur Interpretation anbietet, und zwar prinzipiell ohne die Materialität eines gedruckten Buches und tendenziell ohne die notwendige Vermittlung und Selektion von Redaktionen und Verlagen.

Die heute 550-jährige Erfahrung mit der Gutenberg-Ära kann dabei den Blick schärfen für die Möglichkeiten und die Freiheiten beim Umgang mit den Medien, aber auch für die Gefahren der Manipulation und der Falschinformation.

Weiterführende Lektüre

Stephan Füssel: Gutenberg und seine Wirkung. 3. Aufl. Frankfurt: Insel Verlag 2003.

Stephan Füssel (Hg.): Die Gutenberg-Bibel von 1454. UNESCO-Weltdokumenten-Erbe. Vollständiger farbiger Reprint mit einem Kommentar in Deutsch / Englisch / Französisch / Spanisch. Köln/Los Angeles: Benedikt Taschen 2018.

Stephan Füssel: Johannes Gutenberg. 6. Aufl. Reinbek 2019 (= rororo 50610).

1 Cronica van der hilliger Stat van Coellen. Köln: Johann Koelhoff 1499, fol. 311.
2 Vgl. den Beitrag von Holger Böning in diesem Band, S. 45–81.

Jürgen Wilke

Buch und Zeitung

Ein kreatives Wechselverhältnis

Buch und Zeitung sind zwei eng miteinander verwandte Medien der Kommunikation, allein schon deshalb, weil sie beide mit Hilfe der Drucktechnik hergestellt wurden und werden. Dadurch haben sie auch eine fast gleich lange Geschichte. Nach den Regeln der funktionalen Differenzierung haben sie dabei jedoch spezifische Aufgaben und Merkmale ausgebildet, blieben aber in einem komplexen Wechselverhältnis untereinander verbunden. Diesem soll im Folgenden skizzenhaft nachgegangen werden.

Der Buchdruck als Geburtshelfer der Zeitung und deren Emanzipation

Als Johannes Gutenberg Mitte des 15. Jahrhunderts die Technik des Druckens mit beweglichen Lettern erfand, geschah dies, um die Vervielfältigung von Schriften effektiver zu machen, die bis dahin durch mühsames und zeitaufwändiges Abschreiben von statten gehen musste. Das betraf in erster Linie die Bibel und andere Textsammlungen für den religiösen und kirchlichen Gebrauch.[1] Doch sogleich wurde die neue Technik auch genutzt, um Druckwerke für andere und zumal säkulare Zwecke herzustellen. Es kam zu einer Diversifizierung verschiedener Typen von Druckwerken wie Schulbüchern und Kalendern sowie philosophischen und literarischen Denkmälern.

Unter diesen Typen erschien seit dem Anfang des 16. Jahrhunderts auch einer, der fortan als »Zeitung« bezeichnet werden sollte. Dieser Begriff tauchte in Deutschland zum ersten Mal 1502 auf, und zwar noch als Zwischentitel – *Newe zeytung von orient und auff gange* – in dem Abdruck von zwei Briefen und als Überschrift für einen Bericht über die Wiedereroberung der Insel Lesbos durch die Venetianer und Franzosen im Jahr 1500. Damit wurde der Begriff eingeführt für aktuelle Berichterstattung über das, was sich in der Welt begibt. Etymologisch leitet er sich aber nicht von einer scheinbar temporalen Bedeutung ab, sondern als Lehnwort aus dem mittelniederdeutschen *tidinge* für Botschaft, Nachricht. Aus dem Jahr 1508 stammt die *Copia der Newen Zeytung auß Presillg Landt*, das älteste erhaltene Beispiel, das den Namen Zeitung in seinem Haupttitel trägt. Darin wurde eine Reise in das erst wenige Jahre zuvor entdeckte Brasilien geschildert (»Entdeckerzeitung«).

Unter dem Namen Newe Zeytung entstand seitdem eine ganze Gattung solcher Druckwerke, wobei sich dieser Titel erst noch gegen eine Reihe konkurrierender Bezeichnungen behaupten musste (z.B. »Abdruck«, »Abschrift«, »Beschreibung«, »Geschicht« ect.).[2] Bibliographisch sind tausende solcher Newen Zeytungen nachgewiesen, wegen der eingetretenen Verluste dürfte deren Anzahl aber noch deutlich größer gewesen sein. Berichtet wurde in ihnen überwiegend über politisch-militärische Ereignisse und Sachverhalte, gefolgt von Sensationen, Gesellschaft und Religion/Kirche.

Die Newe Zeytung gehörte zur Gruppe der Kleindrucke, da ihr Umfang – je nach Format – meist vier bis acht Seiten nicht überstieg. Das hatte den Vorteil, dass sie relativ schnell produziert werden konnten, viel schneller als umfangreiche Bücher. Sie gelangten dadurch rasch in den meist ambulanten Verkauf und verhalfen damit zu einer baldigen Refinanzierung. Hergestellt

Erstes als Zeitung betiteltes Druckwerk der Welt: Copia der Newen Zeytung auß presillg Landt (1508)

wurden die Newen Zeytungen auf den Buchdruckerpressen, und es überrascht nicht, dass sie in ihrer Erscheinungsform durch diese geprägt wurden und den Büchern ähnelten. Neben den überwiegend mehrseitigen Drucken gab es auch Einblattdrucke. Die ersteren besaßen in der Regel ein gesondertes Titelblatt, nicht selten mit einer Illustration, die letzteren rückten unter einer solchen unmittelbar den Nachrichtentext ein.

Die Newen Zeytungen bildeten jedoch nur eine Vorstufe des Mediums, das sich erst ein Jahrhundert später unter diesem Namen im eigentlichen Sinne etablieren sollte. Denn ihnen fehlte noch ein für dieses fortan konstitutives Merkmal: das regelmäßige Erscheinen (s.u.). Voraussetzung war hierfür nämlich eine fortlaufende Belieferung der Drucker mit Nachrichten durch den Postverkehr. Das erste Druckwerk, das dieses Kriterium erfüllte, war die 1605 von dem Drucker Johann Carolus in Straßburg im Wochenrhythmus herausgebrachte *Relation*. Zwar stammen ihre ersten erhaltenen Ausgaben erst aus dem Jahr 1609, doch belegt ein archivalisch erhaltenes Dokument bereits ihr Erscheinen vier Jahre zuvor. Bevor dieses entdeckt wurde, galt lange das Jahr 1609 als »Geburtsjahr« der Zeitung, und zwar auch deshalb, weil aus dem gleichen Jahr 52 Ausgaben einer zweiten, in Wolfenbüttel gedruckten Zeitung überliefert sind (*Aviso*).

Auch die *Relation* war noch stark vom Buchdruck geprägt, wies aber bereits zeitungsspezifische Besonderheiten auf. Ersteres war schon durch die Herstellung auf der hölzernen Handpresse bedingt. Wie bei Büchern mussten die Texte in beweglichen Lettern gesetzt, im »Karren« fixiert, eingefärbt und unter den Tiegel geschoben werden, um danach auf dem eingelegten Papierbogen mit dem »Pressbengel« einen Abdruck zu machen. Dass die *Relation* ein buchähnliches Aussehen bekam, dafür sprachen auch das Format sowie der fortlaufende Zeilensatz innerhalb der unter Herkunftsort und Datum abgedruckten Korrespondenzen. Die einzelnen Ausgaben dieser Zeitung hatten gar keinen Titel, es gab lediglich ein Jahrestitelblatt, so dass die im Lauf des Jahres erschienenen Exemplare zu einem Buch gebunden werden konnten und eine Art Chronik verkörperten. Beim *Aviso* hatte hingegen jede Ausgabe eine eigene Titelseite, was eher noch an die Newen Zeytungen erinnerte.

In mehrfacher Hinsicht führte der Drucker Johann Carolus bei der *Relation* als erster bestimmte Praktiken im Zeitungsdruck ein, die mit dem Charakter des neuen Mediums konvenierten und einen Sinn für seine journalistische Natur erkennen lassen.[3] Einerseits ging es darum, den Druck wegen der Aktualität der Neuigkeiten zu beschleunigen. Hierzu diente ein Satzschema, durch welches in einem einzigen Druckvorgang von einem Bogen – je nach gewähltem Quart- oder Oktavformat – gleich vier oder acht Seiten einer Zeitungsausgabe gedruckt und dann gefalzt werden konnten. Auch der Setzkasten wurde auf die im Zeitungsdruck häufig wiederkehrenden Letternverbindungen und den Zeilenausschluss abgestellt. Generell legte Carolus bei seiner Zeitung weniger Wert auf ästhetische Schönheit, wie es im Buchdruck üblich war. Das Papier, das er verwendete, war von geringerer Qualität, und er verzichtete darauf, es anzufeuchten, um das Druckergebnis zu optimieren. Das alles sparte Zeit und senkte die Ansprüche an ein für den alltäglichen Gebrauch bestimmtes Druckwerk. Jedenfalls konnten an den noch üblicherweise langen Arbeitstagen mehrere hundert Exemplare produziert werden. Das waren etwa die damaligen Auflagenhöhen der Zeitungen.

Dem Grundmuster der *Relation* folgten rasch weitere Zeitungen anderswo in Deutschland. Und dieses Muster blieb im Großen und Ganzen erhalten bis zum Ende des 18. Jahrhunderts. Bis dahin war die Zahl der Zeitungen im deutschsprachigen Raum bis auf mehr als 200 gestiegen, Ende des 17. Jahrhunderts waren es bereits um die 70 gewesen. Das waren, bedingt durch den deutschen Territorialismus, mehr als in allen anderen Ländern Europas zusammengenommen. Die Gesamtauflage der Zeitungen stieg auf 200.000 bis 300.000 Exemplare (um 1800). Damit war die Zeitung das auflagenstärkste Druckmedium, von den Bibeln und Kalendern vielleicht abgesehen. Zudem hatte sich die Häufigkeit des Erscheinens verdichtet, zunächst auf zweimal, dann auf dreimal und viermal, schließlich auf sechsmal in der Woche (in einigen Fällen mit zwei bis drei Ausgaben pro Tag). Auf diese Weise (oder durch Beilagen) ließ sich der wachsende Nachrichtenstoff unterbringen. Zugleich stiegen die Auflagen, so dass die Auslastung der Druckereien zunahm. Bei sehr hohen Auflagen von mehreren zehntausend Exemplaren, die auch schon vorkamen, mussten mehrere Druckerpressen zur Verfügung stehen. Zu den wenigen Innovationen in Druck und Erscheinungsbild der Zeitungen gehörte im 18. Jahrhundert der Übergang zu einer leserfreundlichen zweispaltigen Aufmachung. Dass sich im Erscheinungsbild der Zeitungen so lange so wenig änderte, hatte damit zu tun, dass in der Drucktechnik kaum technische Fortschritte gemacht wurden. Verbesserungen im Einzelnen, z.B. das Ersetzen von Holz durch Eisen, hatte keine Konsequenzen für die Produktivität des Druckverfahrens.

Zu einer grundlegenden Änderung kam es erst zu Beginn des 19. Jahrhunderts mit der von Friedrich Koenig und Andreas Bauer erfundenen Schnellpresse.[4] Dass deren Prototyp Ende November 1814 bei der Londoner *Times* installiert wurde, deutet daraufhin, dass die Zeitung der entscheidende Treiber dieser neuen technischen Entwicklung war. Tatsächlich wurden auch in Deutschland, wohin die beiden Erfinder 1817 zurückkehrten, die ersten Schnellpressen zunächst an Zeitungsverlage ausgeliefert. In rascher Folge entstanden noch effektivere Varianten der Schnellpresse und seit den 1850er brachten die Rotationsmaschinen weitere Fortschritte.

Mit diesen technischen Neuerungen emanzipierte sich die Zeitung immer stärker vom Buchdruck. Durch die Schnellpresse, die statt mit dem Tiegel-Prinzip mit Zylindern und mit Dampfmaschinen (anstatt mit Menschenkraft) arbeitete, konnten täglich in die zigtausende gehende Zeitungsauflagen hergestellt werden. Auch das Zeitungsformat ließ sich vergrößern, bis zur Foliogröße am Ende des 19. Jahrhunderts. Der redaktionelle Stoff musste jetzt auf zumeist drei bis fünf Spalten verteilt werden. Mit seiner Vermehrung wurden auch Mittel der Ordnung und Gliederung des Stoffes notwendig, also Überschriften und schließlich Schlagzeilen, die den Zeitungen allmählich das moderne Aussehen gaben.

Definitionsmerkmale und die treibenden Kräfte

Man kann sagen, dass über lange Zeit hinweg eigentlich nicht recht wahrgenommen wurde, dass es sich bei Buch und Zeitung trotz der Genese, die sie miteinander verbindet, um zwei kategorial differente Medien der Kommunikation handelt. Ihre gemeinsame Abstammung aus der Drucktechnik und die allem Anschein nach große Ähnlichkeit in der Erscheinungsform verdeckten die funktionalen Unterschiede zwischen ihnen. Und dies gilt, obwohl die Zeitung schon seit dem 17. Jahrhundert Gegenstand von Traktaten und wissenschaftlichen Erörterungen war.[5] In diesen wurden zwar ihre Ursprünge und Inhalte schon beschrieben und insbesondere ihr Nutzen und ihre angeblichen Gefahren für die Leser diskutiert. Aber theoretisch und systematisch auf den Begriff gebracht wurden ihre Merkmale noch nicht.

Dies geschah erst, als sich die Zeitungswissenschaft im 20. Jahrhundert darum kümmern musste, ihren Gegenstand exakt zu bestimmen.[6] Im Wesentlichen sind dabei vier Merkmale herausgearbeitet worden, durch die sich die Zeitung definieren lässt:

Buchtitel des ersten Jahrgangs der Relation (1609), der ersten (Wochen-)Zeitung der Welt

1. Die Aktualität, d.h. dass sie über jüngstes Gegenwartsgeschehen berichtet;
2. Die Universalität, d.h. die thematische Vielfalt;
3. Die Publizität, d.h. die allgemeine Zugänglichkeit (Öffentlichkeit);
4. Die Periodizität, d.h. das Escheinen in regelmäßigen Zeitintervallen.

Selbstverständlich sind diese Merkmale erst im Laufe der Jahrhunderte zu einem Maximum herangewachsen.

Die genannten Definitionsmerkmale ermöglichen es vor allem, die Zeitung von anderen Medien oder Formen der Kommunikation abzugrenzen. Publizität unterscheidet sie vor allem vom Brief, der im privaten oder geschäftlichen Bereich verbleibt, aber gleichwohl eine Wurzel dieses Mediums ist. Auf Öffentlichkeit ist das Buch freilich ebenso unabdingbar angewiesen. Von diesem unterschieden werden kann die Zeitung anhand der anderen drei Merkmale, zumindest im Prinzip. Zwar können auch Bücher das Merkmal der Aktualität erfüllen, ja sie müssen das zum Teil auch, um auf dem Markt absetzbar zu sein. Aber dabei geht es, von bestimmten Sonderfällen abgesehen, die es natürlich auch gibt, nicht um Tagesaktualität, wie sie den publizistischen Medien eigen ist. Auch die Universalität ist nicht den Zeitungen exklusiv eigen. Vielmehr können Bücher ebenfalls multithematisch sein, sind es aber in der Regel nicht in dem Maße, wie üblicherweise Zeitungen. Entscheidend und am leichtesten operationalisierbar ist für die Unterscheidung von Buch und Zeitung schließlich das vierte Merkmal: die Periodizität. Bücher sind zumeist Unikate, wenngleich es auch bei ihnen das Prinzip der Serie geben kann. Auch Jahrbücher erfüllen dieses Merkmal, erscheinen aber wiederum als Sonderform und weisen ein relativ langes Erscheinungsintervall auf.

Bei der Definition des Buches stellt die Buchwissenschaft ihrerseits auf äußere Merkmale (Größe, Heftung, Einband) und Inhalte »aus allen Bereichen des menschlichen und naturhaften Seins«[7] ab. Damit wird auch Universalität beansprucht, allerdings bezogen eher auf die Gesamtheit der Produkte. Nicht explizit, aber inhärent erfolgt eine Abgrenzung zur Zeitung, wenn das Buch als »Einzelwerk« bezeichnet wird oder ausdrücklich »von nicht periodischer Erscheinungsweise«[8] die Rede ist.

Bei diesen Definitionsmerkmalen geht es nicht um abstrakt-theoretische Konstrukte. Hinter ihnen stecken vielmehr die eigentlichen Kräfte, die die Entwicklung dieser Medien vorantreiben. Die Aktualität bedingt beispielsweise das Streben nach Beschleunigung der Nachrichtenbeschaffung und die möglichst große Öffentlichkeit erfordert das Bemühen um größere Druckkapazitäten. Thematisch universell waren die Zeitungen anfangs noch nicht, sondern sie boten überwiegend politisch-militärische Berichterstattung. Das änderte sich erst im 19. Jahrhundert, als neue Ressorts hinzukamen, das Feuilleton, Handel und Wirtschaft, später auch der Sport. Dem entspricht beim Buch die Ausdifferenzierung in verschiedene Arten von Büchern nach Inhalt und Zwecken.

Eine wesentliche Funktion für das Buch hatten Zeitungen schon von früh an als Mittel der Werbung. Damit begann die Nutzung der Publizität des Mediums für kommerzielle Zwecke. Die erste Buchanzeige erschien bereits 1622 in der Straßburger *Relation*. Noch ganz in Form einer Nachricht, offerierte Johann Carolus einen von ihm gedruckten Traktat.[9] Anfänglich handelte es sich also um eine Eigenanzeige des Druckers. Diesem Beispiel folgten andere. Dabei bildete sich eine Standardform des Inserats mit mehreren Elementen heraus, bestehend u.a. aus der Nennung des Verkaufsortes und des Produkts, einer Produktbeschreibung, der Anführung von Verkaufsargumenten, der Preisbestimmung und der Beschreibung der Verkaufsmodalitäten. Außer Einzelanzeigen wurden auch zunehmend Sammelanzeigen eingerückt, in der Regel am Schluss des Nachrichtenteils. Subskriptions- und Pränumerationsankündigungen kamen ebenfalls vor.

Nach der Mitte des 17. Jahrhunderts nahmen die Anzeigen in den Zeitungen zu, wobei es deutliche regionale Unterschiede gab. Die Zeitungen in Hamburg, Berlin und Frankfurt (Stadt der Buchmesse!) brachten besonders viele Anzeigen. Zudem hatten andere Gewerbetreibende damit begonnen, Inserate in den Zeitungen zu schalten.

Seit dem frühen 18. Jahrhundert blieb vielerorts im Deutschen Reich mit der Einführung des staatlichen Anzeigenmonopols die Annoncenwerbung einem eigenen Zeitungstyp, den Intelligenzblättern, vorbehalten. In diesen gab es eine eigene Rubrik »Neue Bücher« oder »Neue Schriften«. Das ging zu Lasten der politischen Zeitungen und entzog ihren Druckern und Verlegern eine zusätzliche Finanzierungsquelle. Doch nicht wenige politische Zeitungen wiesen in der zweiten Hälfte des 18. Jahrhunderts wieder einen wachsenden Anzeigenteil auf. Beim *Hamburgischen unpartheyischen Correspondenten* konnte dieser sogar bis zur Hälfte des Umfangs einer Ausgabe ausmachen.

Das staatliche Anzeigenmonopol endete in Preußen erst 1850, nachdem es in anderen Bundesstaaten schon durchlöchert oder aufgehoben worden war. Erst danach wurden die Annoncen ein fester Bestandteil der Tagespresse. Im Zusammenhang mit dem Wirtschaftsboom nach der Reichsgründung 1871 stiegen die Anzeigeneinnahmen der Zeitungsverleger und ermöglichten eine Verbilligung der Bezugspreise und mit den »General-Anzeigern« einen neuen populären Zeitungstyp. Zugleich kam es zu einem Aufschwung der Werbewirtschaft. Eigene Agenturen sorgten für die Akquirierung von Annoncen. Allerdings gehörte das Buch nicht zu den Markenartikeln, die künftig für die Anzeigenwerbung von zentraler Bedeutung waren. Unter den Geschäftsanzeigen finden sich indessen solche auch von Buchhändlern, mehr allerdings in den Großstadtzeitungen als in den vielen Kreisblättern und Lokalzeitungen.

Erste, noch titellose Nummer der Relation (8.1.1609), der ersten (Wochen-)Zeitung der Welt

In der Tagespresse heute sind Buchanzeigen nur noch von nachrangiger Bedeutung. Sie sind hier nur eines von mehreren Werbemitteln oder Kaufanreizen im Buchhandel, die zielgruppenbezogen eingesetzt werden. Für einzelne Titel wird noch in den überregional verbreiteten Zeitungen und zumal in den Literaturbeilagen geworben, die diese zu den Neuerscheinungen im Frühjahr und Herbst sowie zu Weihnachten herausbringen. Deren Produktion wird gewissermaßen durch die Anzeigen finanziell ermöglicht. Mitunter werden Werbebeilagen großer Buchhandelsketten den Zeitungen beigefügt und ihren Abonnenten zugestellt.

Die Zeitung als Organ der Buchkritik

Noch in einem anderen Sinne können Zeitungen eine dienende Funktion für das Buch übernehmen, und zwar als Organe für die Buchkritik. Dieser wird eine größere Werbewirkung zugesprochen als der Zeitungsanzeige. Die Anfänge der Praxis, Bücher zu rezensieren, reicht ins 17. Jahrhundert zurück. Sie entstand zuerst in Zeitschriften, der anderen Pressegattung, die sich wenige Jahrzehnte nach der Zeitung etabliert hatte und die sich in ihrer Funktion und in ihren publizistischen Merkmalen von dieser unterscheidet. Der *Hollsteynische* (seit 1731: *Hamburgische*) *unpartheyische Correspondent* war dann die erste Zeitung, die 1712 ihre aktuelle Berichterstattung um einen Teil erweiterte, der mit dem Titel »Das Neueste in Kunst – Natur und gelehrten Sachen« versehen wurde. Damit entstand der sogenannte »Gelehrte Artikel« als eigene Zeitungssparte.[10] Dort wurden außer Nachrichten aus der Gelehrtenwelt, Erläuterungen aus verschiedenen Wissenschaften (auch aus dem Ausland) regelmäßig Buchkritiken veröffentlicht. Dadurch gelangten solche Kritiken auch in die Tagespresse. Prominente Beispiele waren hierfür im 18. Jahrhundert Gotthold Ephraim Lessing, der 1751 unter dem Titel *Das Neueste aus dem Reiche des Witzes* eine Beilage zu der *Berlinischen Privilegirten Staats- und Gelehrten Zeitung* redigierte, und Heinrich Wilhelm Gerstenberg mit seinen Rezensionen in der *Hamburgischen Neuen Zeitung* (1767–1771).[11]

Der Niedergang des Gelehrten Artikels, wie er sich im späten 18. Jahrhundert beim *Hamburgischen unpartheyischen Correspondenten* zeigte, hatte mit der zunehmenden Politisierung zu tun, die mehr aktuelle Berichterstattung verlangte. Er hing aber auch damit zusammen, dass die Buchkritik im ebenfalls anwachsenden Zeitschriftenwesen ihr Primärmedium hatte und eigene Gelehrten- und Rezensionszeitungen hervorrief.[12] Die 1785 in Jena gegründete *Allgemeine Literatur-Zeitung*, die die gesamte Literaturproduktion ihrer Zeit rezensieren wollte, war, obwohl sie sich im Titel so nannte und täglich erschien, streng genommen keine Zeitung, sondern eine Zeitschrift. Denn sie erfüllte die Kriterien der Aktualität und der Universalität nicht oder allenfalls in genrespezifischer Hinsicht.

Musterhafte Zeitung des 18. Jahrhunderts: Hamburgischer Unpartheyischer Correspondent (15.8.1794, mit der Schilderung der Hinrichtung Robespierres)

Obschon Buchkritiken nicht ganz aus der Zeitung verschwanden, erlebten sie erst wieder einen Aufschwung, als seit den 1830er Jahren, Vorbildern in Frankreich folgend, in deutschen Zeitungen das »Feuilleton« zu einer redaktionellen Sparte erhoben wurde.[13] Charakteristisch dafür war die Platzierung auf einer Zeitungsseite »unter dem Strich«. Als eines der ersten Blätter in Deutschland führte die *Kölnische Zeitung* 1838 diese Praxis ein. Dieses Beispiel machte Schule. Das Feuilleton wurde zu einem Ressort, wo neben Buchkritiken viele andere Darstellungs- und Stilformen versammelt wurden: darunter Theater- und Musikkritik, Aufsätze, Betrachtungen, Erzählungen, Essays, Gedichte, »kleine Feuilletons«, Nachrufe, Reiseskizzen und Stimmungsbilder.[14] Damit übernahm die Zeitung neben ihrer primären Informationsfunktion auch die Funktion, Stoff zur Unterhaltung und Zerstreuung zur Verfügung zu stellen.

Buchkritiken sind bis heute ein fester Bestandteil des Zeitungsfeuilletons geblieben. Ihre Bedeutung für den Absatz von Büchern geht im Allgemeinen über den von Buchanzeigen hinaus. Dabei dürfte noch immer gelten, was Peter Glotz schon vor einem halben Jahrhundert ermittelte: dass die Buchkritik je nach Zeitungstyp unterschiedliches Gewicht hat, in den überregionalen Qualitätszeitungen ein größeres als in den regionalen und lokalen Abonnementzeitungen.[15] Glotz kritisierte seinerzeit eine in seiner Sicht zu »elitäre« Literaturkritik und plädierte für eine mehr »vermittelnde« Rolle der Kritik.

Die Zeitung als Publikationsort und Wurzelgrund von Büchern

Aus der Geschichte des Wechselverhältnisses von Buch und Zeitung ist noch eine weitere Verbindung anzuführen, oder besser gesagt sind es zwei komplementäre. Zum einen ist damit gemeint, dass für die Veröffentlichung in Buchform verfasste Texte in Zeitungen (vor-)abgedruckt werden. Zum anderen können Zeitungsinhalte nachträglich auch in Form von Büchern publiziert werden. Diese doppelte Handhabe bot sich primär bei einer ganz bestimmten literarischen Form, und zwar dem Roman.[16] Und damit tritt nochmals das Feuilleton als Zeitungssparte in den Blick, denn ihm ist diese Art des fremdbeschafften redaktionellen »Stoffs« zuzuordnen.

Im ersten oben gemeinten Fall handelt es sich um Romane, die nicht für die Zeitung geschrieben wurden, aber dort vorzugsweise vor dem Erscheinen zum Abdruck kamen. Dies geschah in Fortsetzungen, portioniert für ein tägliches Lesepensum. Für die Leserschaft hatte der Vorabdruck den Vorteil, eine Novität frühestmöglich kennenlernen zu können und das Buch selbst nicht erwerben zu müssen. Der Preis dafür war gewissermaßen in den Abonnementsgebühren enthalten. Autor und Buchverlag konnten daran ihrerseits verdienen (Lizenz) und Einkünfte außerhalb des Buchhandels erzielen. Andererseits verringerte sich womöglich der Buchabsatz.

Im zweiten oben gemeinten Fall wurden die Romane direkt für die Veröffentlichung in Zeitungen geschrieben. Hierfür bürgerte sich der Ausdruck »Zeitungsroman« geradezu als Gattungsname ein. Im weiteren Sinne hat man auch von »Feuilletonromanen« gesprochen.[17] Mit diesen Begriffen war jedoch mehr gemeint als nur der Publikationsort. Vielmehr wurden dem Zeitungsroman auch inhaltlich und formal spezifische, durch das Zeitungsumfeld bedingte Eigenheiten zugesprochen: in der Bevorzugung eines aktuellen Stoffs, in der Charakterschilderung der Personen, in der Spannungserzeugung und einer »wellenartigen« Portionierung, so dass am Ende jeder Folge ein »cliff hanger« die Erwartung auf die Fortsetzung steigerte, möglichst über das Monatsende hinaus, um Abbestellungen zu verhindern. Zeitungsromane wurden jedenfalls als Mittel der Leserbindung und der Auflagensteigerung gesehen. Im Übrigen hinderte ihr besonderer Zuschnitt nicht, dass zunächst in den Zeitungen abgedruckte Romane anschließend auch noch in gebundener Buchfassung erschienen, um damit außerhalb der Zeitungsleserschaft ein weiteres Publikum zu finden. Natürlich mit Verdienstmöglichkeiten der Verfasser, die über das ursprünglich fällige Honorar hinausgingen.

Erstmals eine Art Kurzroman findet sich in Deutschland schon 1668 im *Nordischen Mercurius*, einer als besonders qualitätvoll geltenden, von dem Schriftsteller Georg Greflinger in Hamburg herausgegebenen Zeitung. Es handelte sich um eine Robinsonade, die von dem Schicksal Schiffbrüchiger auf der Insel Pines erzählte und deren Originalfassung wenige Monate zuvor Henry Neville in London autorisiert hatte. Erst im späten 18. Jahrhundert und nach der Jahrhundertwende findet man jedoch Erzähltexte vermehrt in Periodika, eher aber in Zeitschriften als in Tageszeitungen. Auch im 19. Jahrhundert boten Zeitschriften dafür kaum weniger Publikationschancen als die Zeitung.

Das eigentliche Zeitalter der Feuilletonromane begann in Frankreich. 1836 druckte *La Presse* Balzacs »La vieille fille« und 1842/43 das *Journal des Débats* Eugène Sues »Les Mystères de Paris«. Der letztere hatte einen riesigen Erfolg und war gattungsprägend. Sues zweiter Roman »Juif errant« folgte unmittelbar nach und wurde in deutscher Übersetzung 1844/45 von der Leipziger *Allgemeinen Deutschen Zeitung* abgedruckt. Als erste für deutsche Zeitungen verfasste Romane gelten Georg Weerths »Leben und Taten des berühmten Ritters Schnapphahnski« (1848/49 in der *Rheinischen Zeitung*) und Karl Gutzkows »Die Ritter vom Geiste« (1850/51 wieder in der *Deutschen Allgemeinen Zeitung*). Seit den 1860er Jahren begannen alle großen Tageszeitungen Romane einzurücken. Sofern der Platz im Feuilleton »unter dem Strich« dafür nicht reichte, wurden sie in eigene Beilagen verfrachtet.

Die Expansion und Diversifizierung der Tagespresse im Deutschen Kaiserreich führte nach 1871 zu einer Flut von Romanen in den Zeitungen. Da sich diese nach politischen Richtungen und Parteien aufspaltete, präferierte man nach Möglichkeit auch dazu passende Romane. Konservative Blätter boten ihren Leserinnen und Lesern andere als liberale oder sozialdemokratische Blätter, was allerdings nicht in jedem Fall konvenierte und zu Leserprotesten führen konnte. Unter den Verfassern findet man einige durchaus bekannte Autoren (u.a. Berthold Auerbach, Friedrich Spielhagen, Marie von Ebner-Eschenbach), aber auch nicht wenige, die nur zeitgenössische Popularität genossen und längst vergessen sind.

Das gleiche gilt auch noch für die Weimarer Republik. Renommierte Zeitungen druckten Romane einer ganzen Reihe prominenter und aufstrebender Autoren, die *Frankfurter Zeitung* beispielsweise Alfred Döblins *Berlin Alexanderplatz* (1929) und von Joseph Roth gleich drei Romane. In der *Vossischen Zeitung* konnte man (im gleichen Jahr) Erich Maria Remarques Antikriegsroman »Im Westen nichts Neues« lesen. Auch auf Romane nicht-deutscher Autoren griffen die Redaktionen und Verleger zurück, so von Ernest Hemingway, Aldous Huxley, Upton Sinclair, Ilja Ehrenburg, Edgar Wallace und vielen anderen. Wie schon im Kaiserreich griff man auch auf honorarfreie ältere Werke zurück. So behandelten die Romane auch nicht immer eine aktuelle Zeitthematik, sondern hatten einen historischen oder zeitlosen Gehalt.

Noch nach dem Zweiten Weltkrieg lebte der Zeitungsroman in der deutschen Tagespresse wieder auf, ja erlebte seine »letzte Blüte«. So gut wie alle Tageszeitungen bedienten sich seiner, um ihren Abonnenten (und im Straßenverkauf) solchen Leseanreiz zu bieten. Er wurde mehr von Frauen als von Männern konsumiert. Die Nachfrage danach bestand fort, zum Teil weil man sich anfangs teure Bücher nicht leisten konnte oder wollte, zum anderen, weil regelmäßige Lesezeit dafür noch verfügbar war. Das begann sich seit den

Elf Zeitungen aus dem Berlin der 1920 Jahre. Quelle: Hundert Jahre Ullstein.
1877–1977. Berlin 1977. Bd. 1, S.171.

1970er Jahren zu ändern. Die Produktion von attraktiven Zeitungsromanen ließ offenbar zu wünschen übrig und wurde gern der Trivialliteratur zugerechnet. Entscheidender für den Niedergang war jedoch der Wandel im Mediensystem. Mit dem Aufkommen und der Ausbreitung des Fernsehens übernahm dieses Medium zunehmend die psychologisch und sozial erwünschte Unterhaltungsfunktion. Eine solche hatte seit dem frühen 19. Jahrhundert auch die Zeitung befriedigt, vor allem durch die Romane oder andere feuilletonistische Beiträge. Mit dem Fernsehen entfiel dies für die Tagespresse. Einige Zeitungen brachten Romane noch bis in die 1990er Jahre, so die *Frankfurter Allgemeine Zeitung*, die wiederholt diejenigen von Martin Walser abdruckte. Aber auch sie gab dies schließlich auf, so dass das Kapitel Zeitungsroman historisch zum Abschluss kam.

Die Zeitung als Publikationsort und Wurzelgrund für Bücher – das lässt sich allerdings nicht nur am Beispiel des Romans belegen. Auch andere Formen des Textmediums Zeitung können aus ihrem ursprünglichen Umfeld herausgelöst und in Buchform nachgedruckt werden. Dafür kommen in erster Linie solche Beiträge in Frage, die nicht allzu sehr tagesgebunden sind und eine über den aktuellen Anlass hinausgehende Bedeutung haben (können). Prädestiniert waren dafür in den 1920er Jahren insbesondere die kleinen Feuilletons, gern an Alltagsbeobachtungen anknüpfende geistreiche und stilistisch locker formulierte Beobachtungen und Betrachtungen. Ihre Meister waren Victor Auburtin, Kurt Tucholsky und Alfred Polgar. Deren zunächst in der Presse erschienene Artikel wurden später gesammelt und als selbständige Werke veröffentlicht (und z.T. bis heute immer wieder aufgelegt).

Ein zumindest mittelbarer Zusammenhang zwischen Buch und Zeitung besteht schließlich noch darin, dass Zeitungsjournalisten heute nicht selten auch Buchautoren sind, gewissermaßen »über den Tag hinaus« schreiben.[18] Ihre Kompetenz in sachlicher und sprachlich-stilistischer Hinsicht prädestiniert sie dazu. Ganz verschiedene Arten von Büchern haben Journalisten verfasst: (Auto-)Biographien, professionelle Medien- und Berufsfeldanalysen, belletristische Werke, Zeitgeschichtsschreibung, Sachbücher und Reiseberichte, Lebens- und Anlageberatung, Skandal- und Enthüllungsbücher sowie journalistische Debatten- und Thesenbücher. Nicht wenige dieser Bücher sind, dank der Prominenz ihrer Verfasser, zu Bestsellern geworden. Es sei hier nur an die Werke des 2014 unerwartet verstorbenen FAZ-Herausgebers Frank Schirrmacher erinnert.

Autoren von Zeitungsromanen: Werbeplakat des Ullstein-Verlags (Vor-Zeichnung).
Quelle: Hundert Jahre Ullstein. 1877-1977. Bd. 1, S. 195.

Buch und Zeitung haben sich im Laufe ihrer Geschichte immer wieder technischen Veränderungen anpassen müssen. Das galt auch für die Computerisierung der Drucktechnik seit den 1960er Jahren, in deren Folge der Fotosatz den alten Bleisatz ersetzte. Und es trifft ebenso zu auf den tiefgreifenden Umbruch durch die sich seit den 1990er Jahren durchsetzende Digitalisierung, die das Internet als virtuellen Raum für die Produktion, Präsentation und als Vertriebskanal auch von Druckschriften etabliert hat. Dieser technische Umbruch hat mit seinen Folgen das gesamte Mediensystem erfasst, notwendigerweise auch Buch und Zeitung.

Beide Medien besitzen heute längst ihre elektronische Präsenz, als E-Book oder E-Paper. In diesen Formen liegen sie nicht mehr materiell auf Papier vor, sondern auf Lesegeräten (E-Book-Readern), Tabletcomputern oder Smartphones. E-Books stellen die Texte gedruckter Bücher bereit, E-Papers 1:1-Abbildungen der gedruckten Zeitungsausgaben. So gut wie alle deutschen Tageszeitungen haben heute E-Papers in ihrem Angebot, die auch ausgedruckt werden können. Gesondert davon sind Online-Auftritte der Zeitungen, in denen journalistische Beiträge, oftmals multimedial ergänzt, eingestellt und gelesen werden können. E-Papers sind in der Regel kostenpflichtig und sollen Verluste bei den Printausgaben kompensieren. Bei den Online-Auftritten der Zeitungen hat das bisher allenfalls partiell durchgesetzt werden können. Ein Großteil der Artikel ist hier meist noch kostenfrei. Die Preise für E-Books liegen durchweg unter denen für die gedruckten Ausgaben.

Bücher und Zeitungen nehmen durch die Digitalisierung Teil an der Konvergenz der Medien, in deren Folge sich diese einander annähern. Das trifft zumindest auf die technische Präsentation zu, wenn E-Books und E-Papers auf vergleichbare Datenträger heruntergeladen werden können bzw. auf denselben Benutzeroberflächen erscheinen.

Für beide Medien ist auch charakteristisch, dass der Anteil der elektronischen Versionen – nach anfänglicher Zurückhaltung – am jeweiligen Markt wächst. Dazu hier einige Daten.[19] 2020 betrug der Umsatz mit E-Books in Deutschland 35,8 Mio. Euro, was einen Anteil von 5,9 Prozent am Gesamtumsatz ausmachte. Zuvor hatte der Absatz bei 5 Prozent stagniert, was als Zeichen dafür gewertet wurde, »dass »die digitale Revolution bisher ausgeblieben«[20] sei. 3,8 Millionen Personen kauften in diesem Jahr E-Books, ein

Plus von 5,6 Prozent. Die Steigerungen 2020 waren vermutlich auf die Corona-Krise zurückzuführen. Überwiegend (zu mehr als 80 Prozent) wurde Belletristik gekauft.

Bei den E-Papers sieht es wie folgt aus: [21] Im Jahr 2020 (drittes Quartal) betrug ihre verkaufte tägliche Auflage in Deutschland 2,1 Mio. Exemplare. Zehn Jahre zuvor waren es erst 95.000 gewesen. Entsprechend hat der Anteil an der Gesamtauflage auf inzwischen schon ein Fünftel zugenommen. Zwar werden überwiegend lokale und regionale Zeitungen digital genutzt, aber der Auflagenanteil der E-Paper-Ausgaben von überregionalen Tageszeitungen ist größer als im Durchschnitt aller Zeitungen.

Noch existieren Bücher und Zeitungen in ihren jahrhundertelang gewachsenen Formen, materiell auf Papier gedruckt, mit den dadurch bedingten Vorteilen für den Leseprozess. Sie sind beide inzwischen aber Hybridmedien, die außer materiell auf Papier auch elektronisch präsent und nutzbar sind. Zukunftsprognosen haben mitunter schon das Ende von Buch und Zeitung in ihrer herkömmlichen Erscheinung vorausgesagt. Tatsächlich ist die Titelproduktion bei Büchern und die Anzahl gedruckter Zeitungen in Deutschland seit einigen Jahren rückläufig. Und beide Medien stehen unter neuem Konkurrenzdruck durch Selfpublisher und selbsternannte Journalisten im Internet. Behaupten müssen sie sich auch gegenüber den mächtigen Internet-Portalen, die sich der Vorleistungen der Druckmedien bedienen und damit ihre Geschäfte machen. Um das Urheberrecht tobte in den letzten Jahren ein erbitterter Kampf.

In absehbarer Zeit werden die beiden »alten Medien« aber nicht verschwinden und von den »neuen« ganz verdrängt werden. Das Buch noch weniger als die Zeitung. Ihre Zukunft hängt selbstverständlich von den Leserzahlen ab. Die Reichweite der Tagespresse ist seit längerem rückläufig, insbesondere unter Jugendlichen. [22] 2010 lasen noch 44 Prozent der Jugendlichen täglich oder mehrmals wöchentlich eine Zeitung, 2020 waren es nur noch 16 Prozent. Immerhin lasen schon mehr, nämlich 18 Prozent der Jugendlichen, Tageszeitungen im Internet. Das scheint immerhin für eine allmähliche Substitution zu sprechen. Das lange ziemlich konstante Bücherlesen (ohne Schulbuch) ging bei Jugendlichen 2020 erstmals ebenfalls leicht zurück (35%). Im Gegenzug wächst aber auch hier die E-Book-Nutzung, auf inzwischen 9 Prozent. Damit liegen die »digital natives« hier aber nach Altersgruppen nicht an der Spitze.

Buch und Zeitung haben, nachdem sie sich als zwei Gattungen von Druckmedien konstituiert und ausdifferenziert hatten, nebeneinander existiert und
ihre je eigenen Funktionen erfüllt. Beide konnten sich ergänzen, was sich
auch daran zeigte, dass Drucker lange Zeit sowohl das eine wie das andere in
ihren Offizinen produzierten. Zwischen Buch und Zeitung bestand folglich
ein Verhältnis der Komplementarität. Was Konkurrenz nicht ausschloss, vor
allem um die Lesezeit der Menschen, bei der die Zeitung eher als »gefräßiges
Brüderchen« des Buchs auftreten kann als umgekehrt. Zeitungslektüre hat
aber immer auch dazu motiviert, zur Vertiefung oder Ergänzung Bücher zu
lesen.

Tageszeitungen haben aufgrund von Aktualität und Periodizität eine tägliche Nutzungszeit. Nichts ist älter, als die Tageszeitung von gestern, sagt ein
bekannter Spruch. Die »Halbwertszeit« von Büchern ist viel langlebiger, ja
sie werden oft gesammelt und auf Dauer zu Bibliotheken vereinigt. Auch ist
die Hemmung, Bücher wegzuwerfen, viel stärker als dies bei Zeitungen der
Fall ist. Deshalb sind Zeitungen historisch weit weniger überliefert und erhalten als Bücher. Ob sich daran durch die Digitalisierung etwas ändert, wird
sich noch zeigen müssen. 🐦

1 Vgl. Stephan Füssel: Gutenberg und seine Wirkung. Frankfurt/M., Leipzig 1999. S. 3–31.

2 Vgl. Jürgen Wilke: Die »Neue Zeitung«. Leistungen und Normen eines vorperiodischen Informationsmediums. In: Jan Martin Lies (Hrsg.): Wahrheit – Geschwindigkeit – Pluralität. Chancen und Herausforderungen durch den Buchdruck im Zeitalter der Reformation. Göttingen 2021. S. 83–108.

3 Martin Welke: Die Entwicklung der frühen Zeitungsdrucktechnik (17. Und 18. Jahrhundert). In: Zeitungsdruck. Die Entwicklung vom 17. zum 20. Jahrhundert. München 2000. S. 9–28.

4 Boris Fuchs: Die Geschichte der Zeitungsdruckmaschinen im 19. und 20. Jahrhundert. In: Zeitungsdruck. Die Entwicklung vom 17. zum 20. Jahrhundert. München 2000. S. 29–51.

5 Vgl. Jürgen Wilke (Hrsg.): Die frühesten Schriften für und wider die Zeitung. Baden-Baden 2015.

6 Vgl. Emil Dovifat: Zeitungswissenschaft. Bd. 1. Allgemeine Zeitungslehre. Berlin, Leipzig 1931. S. 9ff.

7 Vgl. W. Grebe: Buch. In: Lexikon des gesamten Buchwesens. Zweite, völlig neubearb. Aufl. Hrsg. v. Severin Corsten, Günther Pflug und Friedrich Adolf-Schmidt Künsemüller. Bd. I. Stuttgart 1987. S. 568.

8 Helmut Hiller / Stephan Füssel: Wörterbuch des Buches. Sechste, grundlegend überarb. Aufl. Frankfurt/M. 2002. S. 60.

9 Vgl. Marie-Kristin Hauke: »In allen guten Buchhandlungen ist zu haben…«. Buchwerbung in Deutschland im 17. und 18. Jahrhundert. Diss. Erlangen-Nürnberg 1999. S. 101ff.

10 Vgl. Brigitte Tolkemitt: Der Hamburgische Correspondent. Zur öffentlichen Verbreitung der Aufklärung in Deutschland. Tübingen 1995. – Holger Böning: Dem Bürger zur Information und Aufklärung. Die »Staats- und Gelehrte Zeitung des Hamburgischen unpartheyischen Correspondenten«. In: Jahrbuch für Kommunikationsgeschichte 14 (2012) S. 5–41

11 Vgl. Anni Carlsson: Die deutsche Buchkritik von der Reformation bis zur Gegenwart. Bern, München 1969. S. 178–181.

12 Vgl. Katrin Löffler (Hrsg.): Wissen in Bewegung. Gelehrte Journale, Debatten und der Buchhandel der Aufklärung. Stuttgart 2020.

13 Vgl. Ernst Meunier / Hans Jessen: Das deutsche Feuilleton. Berlin 1931.

14 Vgl. Wilmont Haacke: Handbuch des Feuilletons. Bd. II. Emsdetten 1951. S. 131–290.

15 Vgl. Peter Glotz: Buchkritik in deutschen Zeitungen. Hamburg 1968.

16 Vgl. Norbert Bachleitner: Kleine Geschichte des deutschen Feuilletonromans. Tübingen 1999.

17 Ebd.

18 Vgl. Jürgen Wilke: Über den Tag hinaus. Journalisten als Buchautoren. In: Communicatio Socialis 41 (2008) S. 171–191.

19 Buch und Buchhandel in Zahlen 2020. Hrsg. v. Börsenverein des Deutschen Buchhandels. Frankfurt/M. 2020. S. 25ff. – https://www.boersenverein.de/boersenverein/aktuelles/detailseite/buch-und-buchhandel-in-zahlen-2020-liefert-zahlen-und-fakten-zum-deutschen-buchmarkt/.

20 Ebd. S. 25.

21 Bundesverband Digitalpublisher und Zeitungsverleger: E-Paper-Studie 2020. In: https://www.bdzv.de/service/presse/pressemitteilungen/2020/e-paper-studie-2020

22 Sabine Feyerabend / Stefan Glöckler / Hediye Kheredmand / Thomas Rathgeb: Jugend, Information, Medien – JUM-Studie 2020. In: Media Perspektiven 1/2021. S. 17–32.

Holger Böning

Populäre Medien der Aufklärung

Welche traditionellen populären Druckmedien gab es?
Welche Leser wurden angesprochen?

Das 18. Jahrhundert ist das Säkulum nicht nur der Aufklärung, sondern auch der populären Medien, ja, es ist unstrittig, dass jede Breitenwirkung der Aufklärung ohne Gutenbergs Erfindung und ohne einen in deren Folge explodierenden Markt für Druckwerke jeder Art nicht vorstellbar ist. Will man unter populär mit dem Duden als »beim Volk, bei der großen Masse, bei sehr vielen bekannt und beliebt« verstehen, dann wird man davon sprechen müssen, dass die verbreitetsten Druckmedien unterschiedlich populär waren und sich ihre Popularität je nach Medium unterschiedlich entwickelte. Bei allen Tendenzen zu einer Verweltlichung zählten, wenn auch mit abnehmender Tendenz, zu den populärsten Medien im 18. Jahrhundert weiterhin die religiösen Drucke, die Bibel, Andachtsbücher, Katechismen und Gesangbücher. Voraussetzung zu deren Lektüre war das Lesen, so dass zu den populären Medien, mit denen ein großer Teil der Bevölkerung in Berührung kam, bereits seit der Reformation die ABC-Bücher und Fibeln gehörten, mittels derer das Lesen der Bibel und der religiösen Kerntexte erlernt wurde. Das in kaum einem Haushalt fehlende und damit populärste weltliche Druckmedium war der Kalender, er gehörte auch zu den ersten Medien, die zur Popularisierung der Aufklärung genutzt wurden. Großer Popularität erfreuten sich seit dem 16. Jahrhundert die Flugschriftenliteratur und die Medien zur Unterrichtung über das Zeitgeschehen, beginnend bei der zu Einzelereignissen informierenden Flugpublizistik bis zu den ab 1588 regelmäßig periodisch erscheinenden Messrelationen und den seit 1605 wöchentlich, ab 1650 bereits täglich erscheinenden Zeitungen.[1] Während des Dreißigjährigen Krieges wurde dann erstmals regelmäßig mit gedruckten Medien über militärische und politische Auseinandersetzungen informiert und damit ein Lesepublikum über eine gebildete Leserschaft hinaus erreicht, bis in den letzten Jahrzehnten des 18. Jahrhunderts verschiedene Zeitungen entstanden, die sich ausdrücklich direkt an das Volk wandten.

Unter den populären Medien sind auch die *Zeitschriften* zu nennen, die seit der zweiten Hälfte des 17. Jahrhundert begonnen hatten, die Leser informierend und diskutierend die Welt der Politik und der Wissenschaften zu erschließen. Besonders erfolgreich waren bei einem bürgerlichen Publikum die sog. *Moralischen Wochenschriften*, die seit den 1720er Jahren zu einem Hauptmedium der Ausformulierung bürgerlichen Weltverständnisses und der Debatte darüber wurden, nach welchen moralisch-ethischen Maximen man leben wollte. Im 18. Jahrhundert gab es dann mit wohl mehr als 10.000 Titeln keinen Bereich der Wissenschaften, der Kultur, der Künste und des Alltagslebens mehr, zu dem nicht eine wöchentlich oder monatlich ihre Leser suchende Zeitschrift erschienen wäre. Allein eine Stadt wie Hamburg verzeichnete bis 1815 mehr als 1.000 Periodika, in den Nachbarorten Altona, Schiffbek und Wandsbek kamen noch einmal 250 dazu. Neben den Zeitungen und Zeitschriften sind unter den periodisch erscheinenden Druckmedien die *Intelligenzblätter* zu nennen, die seit den 1720er Jahren in nahezu jeder größeren Stadt durch ihre Anzeigen zu einem wichtigen Hilfsmittel für das Alltagsleben wurden, indem sie Angebot und Nachfrage zueinander brachten. Durch ihre Informationen gewannen sie Bedeutung für das gesamte bürgerliche Leben.

Zu den hier genannten Medien kam ein hochdifferenzierter Buchmarkt, auf dem es ebenfalls auf einen breiteren Leserkreis gerichtete Publikationen gab. Sieht man von den für Gelehrte bestimmten wissenschaftlichen Drucken ab, dann gilt im Verlauf des 18. Jahrhunderts für alle Druckmedien, dass sie sich um einen zunehmend größeren Leserkreis bemühten.

Neue populäre Druckmedien für wen?

Auch wenn die skizzierten, allgemeinen Popularisierungsanstrengungen hochinteressant sind, soll sich der Blick im Aufklärungsjahrhundert auf innovative Medien begrenzen, deren Ziel es war, einen neuen und möglichst breiten Leserkreis anzusprechen, der von den Zeitgenossen als »Volk« bezeichnet wurde und aus Menschen bestand, die in der ständischen Gesellschaft in der Regel von höherer Bildung ausgeschlossen waren.

Mehrere tausend Schriften entstanden, die die neuen wissenschaftlichen Erkenntnisse aus den Naturwissenschaften zur Nutzung im Alltagsleben bereitstellen und bei der arbeitenden der Bevölkerung ein Leben und Wirtschaften nach Grundsätzen der Vernunft und auf der Grundlage zu prüfender Argumente popularisieren wollten.

Lange galt es der historischen Forschung als unzweifelhaft, dass die deutsche Aufklärung vorwiegend Selbstaufklärung der Eliten gewesen sei und den Weg zu breiteren Bevölkerungskreisen weder gesucht noch gefunden habe. Forschungen der vergangenen drei Jahrzehnte konnten jedoch zeigen, dass – als Teil einer breiten, auch mit nichtliterarischen Mitteln agierenden Bürgerinitiative – während des Zeitraumes von 1750 bis 1850 mehr als 3.000 Autorinnen und Autoren die riesige Menge von rund 10.000 Schriften verfassten, denen das Anliegen gemeinsam ist, bei einfachen Lesern aufklärerisches Gedankengut zu popularisieren.[2] Diese philosophie- und kulturgeschichtlich bedeutsame Tatsache verändert unser Bild von der Aufklärung in dem wesentlichen Punkt, dass den Gelehrten und Gebildeten des 18. Jahrhunderts das Prinzip allgemeiner und universaler Aufklärung durchaus nicht gleichgültig war. In der Tradition einer auf literarische und philosophische Höhen konzentrierten Aufklärungsforschung hatte man sich lange um diese Seite der Aufklärung nicht gekümmert.

Die Aufklärer, die hier engagiert waren, charakterisierten ihr Wirken als »Volksaufklärung«. Moses Mendelssohn gehörte 1784 zu den ersten, die diesen Begriff prägten, der im 20. Jahrhundert so sehr missbraucht werden sollte.[3] In der populären Sach- und Unterhaltungsliteratur, die zum Zweck der Volksaufklärung entstand, war ein neuer Geist der Aufgeschlossenheit, eines neuen Interesses für die unteren Stände und des humanen Engagements für das Gemeinwohl zu finden, der sich um die Jahrhundertmitte beispielhaft in den vielzitierten Versen Christian Fürchtegott Gellerts ausdrückte:

>»Die ihr die Niedern so verachtet,
> Vornehme Müßiggänger, wißt,
> Daß selbst der Stoltz, mit dem ihr sie betrachtet,
> Daß euer Vorzug selbst, aus dem ihr sie verachtet,
> Auf ihren Fleiß gegründet ist.
> Ist der, der sich und euch durch seine Hand ernährt,
> Nichts bessers, als Verachtung werth?
> Gesetzt, du hättest bessere Sitten;
> So ist der Vorzug doch nicht dein.

Denn stammtest du aus ihren Hütten:
So hättest du auch ihre Sitten.
Und was du bist und mehr, das würden sie auch seyn,
Wenn sie, wie du, erzogen wären.
Dich kann die Welt sehr leicht, ihn aber nicht entbehren.«[4]

Motive für die neuen populären Druckmedien und die Entdeckung neuer Adressaten

Am Anfang der Popularisierung aufklärerischen Gedankengutes steht der Wandel des gelehrten Selbstverständnisses und eine neue Auffassung von der Bedeutung der Naturwissenschaften für den Alltag. Julius Bernhard von Rohr spricht von einer neuen Sicht der »körperlichen Dinge«, die sich etabliert und die »Erkänntniß der Welt« insgesamt verändert habe. Es sei, so lobte er 1724, in diesen Wissenschaften »ein gar helles Licht angezündet worden«, doch blieben die neugewonnenen Kenntnisse noch denen unbekannt, die sie sich unmittelbar zunutze machen könnten: »insonderheit bei der Land- und Feldwirthschaftskunst« könne die Naturwissenschaft »sonderbaren Nutzen schaffen«. Prägnant forderte er, den »sogenannten Ungelehrten« das zeitgenössische Wissen zum »gemeinen Nutzen« bekannt zu machen; die Gelehrten sollten sich dem Feldbau widmen, Landwirte und Naturforscher sich zu gegenseitiger Hilfe die Hand bieten.[5] Die Naturlehre sei die Fackel der Ökonomie, hieß es 1756, die Hand des Arbeiters müsse durch das Auge des Gelehrten geführt werden. Beförderten »aufgeklärte Leute« die Feldarbeiten, so würde man den Ackerbau in Ehren halten wie die anderen Künste.[6]

Das gewandelte Verhältnis zur Natur und zu den Naturwissenschaften evozierte ein neues Weltbild, das den Menschen als Eingreifenden und Verändernden begriff, ihn bestimmt und aufgefordert sah zur Erkenntnis und Nutzung der Naturgesetze zum Zwecke steter Vervollkommnung und zum »gemeinen Nutzen«. Selbst ein Philosoph wie Christian Wolff wandte sich in praktischen Experimenten der Frage zu, wie der Getreideanbau verbessert werden könne. Seine »Entdeckung der Wahren Ursache von der wunderbahren Vermehrung Des Getreydes« machte in der Öffentlichkeit Furore; bahnbrechend sein Plädoyer, die Akademien sollten sich stärker auf die angewandten Wissenschaften konzentrieren. Bemerkenswert sein Credo zur Gemeinnützigkeit der Wissenschaften: »Ich finde an der Wahrheit umso viel mehr

Vergnügen / je tiefer sie herausgebracht ist; achte sie aber um so viel höher / je mehr dadurch die Glückseligkeit des menschlichen Geschlechtes befördert wird.«[7]

Ist die Erkenntnis und Erforschung der Naturgesetze Angelegenheit des Gelehrten, so ist die praktische Nutzung auf die Weitergabe der gewonnenen Kenntnisse angewiesen. Die Epoche der Aufklärung ist deshalb von Beginn an durch das Bemühen charakterisiert, die gesellschaftliche Exklusivität des Wissens zu beenden. Zunächst bei den Gelehrten und sodann bei den »gesitteten Ständen« insgesamt vollzog sich ein nachhaltiger Interessen- und Wertewandel, der zu einer neuen Sicht und Wertschätzung des Alltäglichen, der praktischen Arbeit und der »unteren Stände« führte. Dieser Wandel erscheint als eine wesentliche Voraussetzung dafür, dass sich das Bemühen um die Popularisierung aufklärerischen Gedankengutes um die Mitte des achtzehnten Jahrhunderts auch auf das »Volk« und besonders auf die in der Landwirtschaft tätigen Menschen zu richten begann.

Besonders früh wurde dieser Wandel in zahlreichen Büchern bemerkbar, die Anweisungen zur Land- und Hauswirtschaft geben wollen. Um die Mitte des Jahrhunderts stellte man aber fest, dass diese ökonomischen Schriften vor allem von Gelehrten rezipiert würden: »Dem Bürger und Landmanne dargegen, der sich solcher am ersten und besten zu Nutzen machen könnte und solte, auch offtmalen dabey einen bessern und geschwindern Einfall dazu noch anzugeben geschickt, als wohl mancher ist, der viele Stunden und Tage darüber schwitzen muß, dem ist durch die Menge und deren Kostbarkeit der wahre Nutzen annoch fast gäntzlich unwissend und entzogen.« Daher müsse man auf ein Mittel bedacht sein, »wie man aus den bisherigen und künfftigen Schrifften, aufs kürtzeste und wohlfeilste, ja beynahe, wie die Haußier-Mägdchens ihre kurtze Waaren ausschreyen: wohlfeil! halb umsonst! das brauchbarste und gewisseste unter iedermanns Hände bringen könnte.«[8]

Populäre ökonomische Kleinschriften

Aus der Beobachtung, dass sich die durch Kolportage vertriebenen Kleinschriften größter Beliebtheit erfreuten und den von Dorf zu Dorf und von Markt zu Markt ziehenden »Herumläufern, Bilder- und Bücher-Krähmern« aus den Händen gerissen wurden, entstand die Idee, dass die neuen ökonomischen Kenntnisse durch ähnlich attraktive Drucke verbreitet werden müssten. Mit der Debatte der Frage, »wie man aus den bisherigen und künfftigen öconomischen Schrifften« die wichtigsten Erkenntnisse in des gemeinen Manns und Bauers Hände bringen, folglich dadurch unsere ietzt so häufigen öconomischen Bücher, sonderlich für diesen, gemeinnützlicher machen könne«, kam es zu zahllosen kleinen und kleinsten Drucken, die sich der Aufgabe einer populären und adressatenspezifischen Vermittlung der ökonomischen Aufklärung stellten.[9]

Die Volksaufklärung nahm somit ihren Anfang mit dem Nachdenken der Gebildeten darüber, wie der bäuerlichen Bevölkerung und dem »gemeinen Mann« zu dem Informationsstand und zu dem Wissen verholfen werden könne, den sie selbst schon erreicht hatten und wie er in den Zeitschriften der gemeinnützig-ökonomischen Aufklärung dokumentiert ist. Wenn es sich in den 1750er und 1760er Jahren vorwiegend um Wissen, Kenntnisse und Informationen handelte, die sich auf ökonomische Gegenstände bezogen, so waren dafür nicht politisch-taktisch reflektierte Überlegungen der aufklärerisch denkenden und engagierten Gebildeten maßgebend. Die Inhalte der frühen Volksaufklärung spiegeln getreu die Interessen der Aufklärer selbst. Um die Mitte des 18. Jahrhunderts sah man in der Verbesserung der wirtschaftlichen Situation der bäuerlichen Bevölkerung den wichtigsten Hebel, die Lebenssituation der mittleren und unteren Stände insgesamt zu verbessern und damit den gesellschaftlichen Fortschritt zu befördern.

Als erste eigenständige Leistung der Volksaufklärung entstand eine neue Art von Sachliteratur, die zugleich als die erste landwirtschaftliche Fachliteratur für den »gemeinen Mann« anzusehen ist. In diesen Kleinschriften wurde das agrarreformerische Programm einer gemeinnützig-ökonomischen Aufklärung propagiert. Neu an ihnen ist, dass Teilbereiche der Land- und Hauswirtschaft separat behandelt und Anleitungen zur Verbesserung und Veränderung einzelner Arbeiten und Anbaumethoden gegeben wurden. Didaktische Überlegungen spielten bei der Abfassung in der Regel nur insoweit eine Rolle, als man sich bei Format, Umfang und Preis Beschränkungen auferlegte. Unter Beachtung der Bedingungen in der jeweiligen Region begannen viele Aufklärer, kleine Anleitungen und Abhandlungen zu solchen Problemen zu verfassen, deren Lösung ihnen am dringlichsten schien. »Es ist itzo Mode«, so schrieb 1759 einer der frühesten und aktivsten Bauernaufklärer, der Glücksburgische Domprobst Philipp Ernst Lüders zur zunehmenden regionalen Orientierung, »daß wir in unserm Lande selbst anfangen oeconomische Schriften auszuarbeiten. Unsere Absicht gehet dahin, die Erkenntniß zu vermehren, und durch dieselbe unsere Landes-Einflüsse vollkommener zu machen.« Und über die von ihm mitbegründete Glücksburgische Ökonomische Gesellschaft, die ganz besonders früh ein Selbstverständnis als kollektiver »Volkslehrer« entwickelte, berichtete Lüders als Autor von etwa siebzig ökonomischen Kleinschriften, diese neue Gemeinschaft kenne keine größere Ehre als die Herausgabe und Verteilung von »gedruckten Lehren«, die »ganz kurz abgefasset sind«.[10]

Die ökonomischen Schriften der frühen Bauernaufklärung dokumentieren eine nachhaltige Veränderung. Fast über Nacht war aus der alten behäbigen ökonomischen Literatur das Forum eines feurigen Engagements geworden. Kaum konnte man genug Worte finden für die Achtung, die dem bäuerlichen Stand nun endlich entgegengebracht werden müsse; mit Nachdruck gab man dem Wunsch Ausdruck, das eigene Wissen diesem Stand und damit dem gemeinen Besten zum Nutzen mitzuteilen. Mehrere tausend solcher Kleinschriften entstanden bis zum Ende des Jahrhunderts; sie bilden in ihrer Gesamtheit eine Art Enzyklopädie der Landwirtschaft.[11]

Die in den volksaufklärerischen ökonomischen Schriften bevorzugten Themen verraten den Impetus der Aufklärer, solche Erkenntnisse an die »niederen Stände« weiterzugeben, die Gelehrte und Gebildete während der vorangegangenen Jahrzehnte gewonnen hatten. Es erschienen Anleitungen zur selbständigen Beurteilung der unterschiedlichen Erd- und Bodenarten und zu deren Verbesserung, die das Ziel verfolgten, den Boden entsprechend seiner Eigenart optimal zu nutzen, zugleich aber den Bauer auch befähigen sollten, seine Wirtschaft nach den Gründen der Naturwissenschaften zu organisieren. Unterricht in der Witterungslehre wurde erteilt, der der bäuerlichen Vorliebe für die Wetterbeobachtung entgegenkam und zur eigenständigen Abstimmung landwirtschaftlicher Arbeiten auf die Gegebenheiten der Witterung anleiten wollte. Zahlreiche ökonomische Schriften bemühten sich, neue Fruchtarten zu popularisieren und argumentierten dazu mit dem Versprechen eines besseren Ertrages. Unverkennbar ist auch die Hoffnung, durch dazu geeignete Früchte die Armut der unterbäuerlichen Schichten mildern zu können; Georg Heinrich Zincke verfasst 1759 eine »Abhandlung von der Wirthschaftskunst der Armen und Dürftigen«.[12] Weiter erschienen Anleitungen zur effektiven Düngung, zur Unkraut- oder Schädlingsvernichtung, zur Stallfütterung oder zur Aufhebung der Feldgemeinschaften sowie zur Nutzbarmachung bisher unangebauten Landes. Alle diese Themen beherrschten in den Jahrzehnten zuvor die Zeitschriften der gemeinnützig-ökonomischen Aufklärung für gebildete Leser, bis sie nun in einer neuen äußeren Form an diejenigen weitergereicht werden sollten, die man der neuen Kenntnisse am bedürftigsten sah.

Viele der ökonomischen Schriften vermitteln auch noch dem heutigen Leser den Eindruck, dass hier Autoren am Werk waren, die ihre Leser ernst nahmen. Es fehlte ganz der herablassend-väterliche Gestus, der einen Teil der späteren volksaufklärerischen Literatur kennzeichnete, die sachliche Information und die Aufforderung zur eigenständigen Beurteilung der Vorschläge standen ganz im Vordergrund. Typisch ist eine ausschließliche Diesseitigkeit und der Verzicht auf jeden Versuch einer sittlich-moralischen Erziehung. Nüchtern und geprägt von dem Impetus ihrer Autoren, Erkenntnisse und Wissen und Informationen an neue Adressaten weiterzugeben, fehlte ihnen allerdings auch jeder Unterhaltungswert und oft auch fast jede Rücksichtnahme auf die Lesebedürfnisse und Lesegewohnheiten ungeübter Leser.

Gelungenes Agieren mit populären Kleinschriften: Philipp Ernst Lüders

Ein Idealbeispiel für eine frühe volksaufklärerische ökonomische Schrift, von der vorstellbar erscheint, dass sie ihren Zweck erfüllte, ist eine »Kurze Nachricht an die Landleute, von der besten und gewissesten Art, Lein zu bauen« aus dem Jahre 1761. Ihr Autor Philipp Ernst Lüders erwies sich mit ihr als ein Meister der Kürze und Deutlichkeit. Die kleine Schrift erschien als Einblattdruck und wurde kostenlos verteilt, sie bietet einen guten Eindruck davon, in welcher Weise frühe Bauernaufklärer, die als Geistliche mit der Lesefähigkeit und Lesemotivation ihrer Adressaten vertraut waren, bei ihrer praktischen Tätigkeit literarische Mittel nutzten.[13]

Ähnliche kurze, bündige und deutliche Anweisungen schrieb Philipp Ernst Lüders auch zum Anbau anderer Fruchtarten. Stets sind in ihnen die Gründe für die vom Üblichen und Gewohnten abweichenden Arbeitsmethoden genannt, stets vermeidet der Autor, sich als der Besserwissende vorzustellen; im Mittelpunkt stehen der Hinweis auf die eigene Erfahrung und die Aufforderung zum eigenen Urteil. Hinzu kam bei Lüders, dass er sich nie der Illusion hingab, Veränderungen des bäuerlichen Wirtschaftsverhaltens seien allein durch ökonomische Schriften erreichbar. Er beschränkte sich nicht auf die Verteilung der auf seine Kosten gedruckten Anleitungen, sondern stand den Bauern, die es mit der vorgeschlagenen neuen Art des Anbaues versuchten, auch danach als Berater zur Verfügung. Wo dies in weiter entfernten Gegenden nicht möglich war, da bemühte er sich um die persönliche Verteilung seiner Schriften durch die Prediger der Landgemeinden, denen er nicht allein seine Schriften übersandte, sondern zugleich auch den dazugehörigen Samen, wenn es um eine neue Fruchtart ging, deren Anbau er vorschlug. In einem Schreiben bat er diese Geistlichen, selbst praktische Proben anzustellen und Anweisung nebst Samen demjenigen im Dorf zukommen zu lassen, »von dem Sie die beste Denkungs-Art erwarten mögen.«[14]

Hoffte Lüders, auf diese Weise den Anfang zum Anbau einer neuen Fruchtart machen zu können, so wandte er sich parallel an die Eingessenen der verschiedenen Dörfer, an die Hausväter oder vollberechtigten Bauern, stellte ihnen den vielfältigen Nutzen der neuen Fruchtart dar und versprach vor allem, für den Absatz der neuen Früchte sorgen zu wollen, wenn man sich etwa für den gemeinschaftlichen Anbau auf einem dem Dorf angrenzenden Feld entschließen könne.[15] Da Lüders befürchtete, der gewöhnlich erhältliche, oft mit Unkräutern untermischte Samen könnte seiner »Art, Lein zu bauen, leicht einen übeln Ruf erwecken«[16], bekümmerte er sich auch um die Beschaffung eines einwandfreien Saatgutes, wobei ihm ein »patriotisch-gesinnter Kaufman« behilflich war, der sich als Mitglied der Glücksburgischen ökonomischen Gesellschaft mit Lüders Anliegen verbunden wusste.[17] Um nicht auf Dauer auf den Samenkauf von auswärts angewiesen zu sein, arbeitete Lüders schließlich eng mit einzelnen Bauern zusammen, die er zur Produktion von Saatgut anhielt, für das er ihnen zugleich eine Abnahmegarantie geben konnte .[18]

Für die Resonanz, die Lüders mit seinen Schriften erzielte, erscheint wichtig, dass er zur Stelle war, wenn es Probleme mit den von ihm empfohlenen neuen Anbaumethoden gab. So konnte er beispielsweise einige Bauern dazu bereden, u.a. eine neue Futterfrucht anzubauen. [19]

Lüders zeichnete es aus, dass er die Gründe der Bauern nicht einfach beiseiteschob, auf Dummheit und Unbelehrbarkeit schimpfte oder den bäuerlichen Traditionalismus beklagte, sondern sich Gedanken über praktikable Abhilfe machte. »Ich will den Haus-Frieden nicht stören«, hieß es in dem Schreiben an die Bauern, »sondern viel mehr befördern. Wollt Ihr meinen Rath folgen, so schaft den Klever-Bau nicht ab. Verändert nur die Ordnung im Bauen, so werdet Ihr im Winter ebenso viele freundliche Gesichter sehen, als Ihr vorhero im Sommer saure gehabt. Macht Heu aus dem grünen Klever. ich kann Euch aus der Erfahrung versichern, daß, wenn Ihr nicht geitzig in der Pflege des Bodens seyn wollt, das Land sich zweymal besser als durch den Kornbau bezahlt macht. Wenn bey diesem Gebrauch im Winter die Kühe viel Milch geben, die Pferde rund und fett sind, und die Magd keine Grütze in Wasser gekocht, mehr essen darf, so wird Frau, Knecht und Magd in ein Horn blasen; sie werden Euch von Herzen ebenso sehr loben, als sie Euch vorher heimlich getadelt haben.«[20]

In ihren Anfängen war die Volksaufklärung nahezu ausschließlich auf ökonomische Belehrung, auf das Naheliegende also, gerichtet. In den 1750er- und 1760er-Jahren mussten die Aufklärer dann die Erfahrung machen, dass größere Rücksicht auf bäuerliche Lesegewohnheiten gefordert war.

Der anfängliche Optimismus der Aufklärer, der Bauer werde die neuen Lehren gerne annehmen, teile man sie ihm nur endlich mit, wurde in vielen Fällen mit der desillusionierenden Erfahrung konfrontiert, dass der »gemeine Mann« offenbar ganz andere Bedürfnisse und Sorgen hatte, als sich von den ihn so unverhofft bestürmenden Herren zur Veränderung seiner Gewohnheiten bewegen zu lassen. Neben der Kritik, der die bisher genutzte ökonomische Literatur unterzogen wurde, wurden nun auch neue Überlegungen diskutiert, auf welche Weise die Lesestoffe für das »Volk« gestaltet werden müssen, um von diesem angenommen zu werden. Es begann die Didaktisierung und Pädagogisierung der Volksaufklärung, mit der nicht zuletzt auch auf die traditionellen Mittel der religiösen Volksbelehrung zurückgegriffen wurde. Zusätzlich entstanden jetzt Feld- und Ackerbaukatechismen zum Acker- und Weinbau, zur Bienenhaltung oder Viehzucht. Die Palette erweiterte sich. In Frage und Antwort, so wie er es aus dem Unterricht von Schulmeister und Pfarrer kannte, sollte dem Bauern die Botschaft der Volksaufklärer nahegebracht werden.

Der erste Volksaufklärer, der aus seinen Erfahrungen mit kleinen ökonomischen Schriften auf den Gedanken kam, die bäuerliche Bevölkerung mit dialogisierten Belehrungen anzusprechen, war wiederum Philipp Ernst Lüders. »Da ich anfing eine Beschreibung von der besonderen Einrichtung des Verfahrens, mit der Feder, und zwar stückweise zu entwerfen«, so berichtete er über seine Art, ökonomische Schriften abzufassen, »erfuhr ich bald, daß diese nicht jedermann gefallen wollte. Sie überstiege, hieß es, den Begriff des Landmannes, der alles kurz und deutlich haben wolle.«[21] Erstmals findet sich bei dem Glücksburgischen Domprobst im Zusammenhang mit den frühen volksaufklärerischen Bemühungen die Einsicht, die übliche Ausbildung der Gebildeten und Gelehrten befähige diese nicht etwa dazu, sich den unteren Ständen verständlich zu machen, sondern sie sei im Gegenteil für die Kommunikationshindernisse und Verständnisschwierigkeiten zwischen den Ständen mitverantwortlich. »Sind wir nicht zu bedauern?« so erläuterte er, »Man gewöhnt uns in der Jugend dazu an, daß wir mit dem Sinn, der Feder und dem Munde das Scharfsinnige und Gründliche in unserm Vortrag suchen sollen. Sind wir denn nicht zu entschuldigen, wenn wir, nach Art der Köche, uns Mühe geben, den Rand unser Schüsseln mit krauser Petersilie zu bespicken?«[22] Diese Art »krauser Petersilie« nun erschwere es dem ökonomischen Schriftsteller, sich »dem Leser gefällig« zu machen und behindere den wichtigsten Zweck des Schreibens, durch Verständlichkeit »das Nützliche in Gang« zu bringen: »Da ich das Letztere von Herzen suche, so bequemte ich mich um so viel williger dazu, meine erste, in eine andere Schreib-Art zu verwandeln, und Frag- und Antwortsweise zu schreiben.«[23] In der Folge solcher Überlegungen entstanden zahlreiche gesprächsweise Belehrungen aus der Feder von Lüders'. Ein Beispiel dafür sind mehrere »Gespräche zwischen einem Prediger und einem Landmann, worin von dem Einfluß der Witterung in die Erde und dessen fürsichtigen Gebrauch gehandelt wird«.[24] Vertrieben wurden diese Gespräche – »zum Nutzen des Landmannes aber, der den wohlfeilen Preis liebhat« – nicht als umfangreiche Schrift, sondern wieder stückweise.

In der Begründung für die Veröffentlichung der Dialoge beruft sich Lüders auf die Wünsche mehrerer Bauern, ja, seinen Schilderungen ist anschaulich zu entnehmen, dass er die Adressaten seines Unterrichts respektvoll ernst nahm und mit ihnen im Gespräch war.[25] Es ist zumindest überraschend, welche große Hoffnungen viele Aufklärer auf den katechetischen Unterricht setzten, an den die bäuerliche Bevölkerung, soweit sie in den Genuss des in den protestantischen Gebieten weitgehend üblichen Schulunterrichts gekommen war, nicht nur die besten Erinnerungen haben konnte. In den Abhandlungen der bernischen ökonomischen Gesellschaft wurde detaillierten Überlegungen zur Verbesserung der Landwirtschaft der Gedanke angeschlossen, es würde

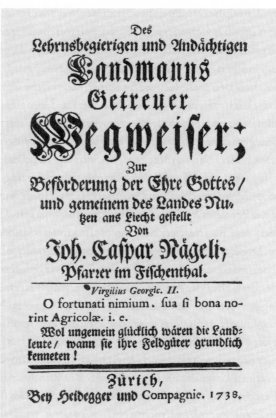

Des
Lehrnsbegierigen und Andächtigen
Landmanns
Getreuer
Wegweiser;
Zur
Beförderung der Ehre Gottes /
und gemeinem des Landes Nu-
tzen ans Liecht gestellt
Von
Joh. Caspar Nägeli,
Pfarrer im Fischenthal.

Virgilius Georgic. II.
O fortunati nimium. sua si bona no-
rint Agricolæ. i. e.
Wol ungemein glücklich wären die Landleute / wann sie ihre Feldgüter grundlich
kenneten !

Zürich,
Bey Heidegger und Compagnie. 1738.

Das Werk des Pfarrers auf der Züricher Landschaft Johann Caspar Nägeli ist die wahrscheinlich erste bauernaufklärerische Schrift; das Titelblatt trägt das Motto »Wol ungemein glücklich wären die Landleute / wann sie ihre Feldgüter grundlich kenneten!« In sechs Gesprächen wird der Leser über die wichtigsten Bereiche der Landwirtschaft belehrt, im zweiten Teil finden sich Gebete und Lieder für die verschiedenen Lebenslagen der bäuerlichen Bevölkerung. Die Schrift will den Kenntnisstand der beginnenden naturwissenschaftlichen Erforschung der Landwirtschaft an den Landman *weitervermitteln. Ausdrücklich beruft sich der Verfasser auf Christian Wolffs Schrift von 1718 zur »wunderbaren Vermehrung des Getreides« und schlägt ein neues Saat-Gerät vor, dass den Getreidesamen tiefer in die Erde bringt und höhere Erträge verspricht. — Abbildung aus dem Neudruck der ersten Ausgabe Zürich 1738. Mit einem Nachwort von Holger Böning. Stuttgart: Frommann-Holzboog 1992.*

»sich allerdings der Mühe lohnen«, diese statt in einer theoretischen Abhandlung in einem »sokratischen Gespräche« zu behandeln. Mit Freimütigkeit, Deutlichkeit und Einfalt, so hoffte man, sei Eingang beim »Volk« zu finden und werde man endlich »sein gänzliches zutrauen« besitzen.[26]

In der Diskussion um diese Lesestoffe wurde eine kleine »Theorie der Popularität« entwickelt. Im Vordergrund stand die Forderung nach einer sinnlichen und anschaulichen Sprache. In diese seien alltägliche Beispiele, geistliche Exempel und augenscheinliche Beweise zu kleiden. Am wichtigsten für die Bereitschaft des bäuerlichen Adressaten, Belehrungen anzuhören, sei die Kürze, denn so »viel Geduld er uns bey seiner Unterweisung abfordert, so ungedultig ist er bey derselben, und wünscht über ein paar Worte schon wieder ihr Ende. Er liebet keine lange Predigt, und weil sein Gedächtnis so enge ist, so sind wir schon zufrieden, wann er die kürzeste anhöret, nicht einschläft, und nicht gar auf uns schillt.«[27] »Deutlich und fasslich sei zu reden«.

Es war wiederum ein Pfarrer, Johann Friedrich Mayer, der hier darüber nachdachte, wie dem »Landmann« der »Nebel um seinen Kopf zu entfernen« sei, ganz offenbar brachte er seine Erfahrungen ein, die er als Pfarrer im Gespräch mit ungeduldigen Bauern gesammelt hatte. Nicht ohne Komik beschrieb er, wie er sich die ökonomische Belehrung vorstellte: »Endlich rucke ich denn mit ihme in den Acker und Wiesenbau hinein, und sage ihme, um ihn nicht unnöthig zu ermüden, (dann ich spühre in ihme dazu schon wieder seinen alten Hang, er hat schon ein paarmal gesagt: Ha! das wußte ich selbst, und das war auch meinem Vater nichts neues!) so gehe ich das, was er schon wußte, mit ihme vorbey, oder ich sage ihme altes mit dem neuen so untermischet, daß er noch aufhorchet, vielleicht werde ich ihn damit gewinnen!«[28]

Die Überlegungen der Volksaufklärer zu einer adressatengerechten Gestaltung aufklärerischer Schriften, die bei der Abfassung katechetischer und dialogischer Belehrungen eine sehr viel größere Rolle spielten als bei den kleinen ökonomischen Anleitungen, erscheinen als Ausdruck eines Prozesses, in dessen Verlauf einzelne auch schon früher zu findende Vorstellungen zur Unterrichtung des »gemeinen Mannes« langsam in ein Gesamtsystem gefügt wurden. Spätestens Mitte der 1770er Jahre lag mit der Benennung der verschiedenen Vermittlungsinstanzen aufklärerischen Gedankengutes und mit den wichtigsten Überlegungen zu den Mitteln und Methoden der Volksaufklärung bei den Gebildeten eine weitgehend geschlossene Theorie der Volksaufklärung vor, die sich bis in das neunzehnte Jahrhundert in den wichtigsten

Populäre Medien der Aufklärung

Grundzügen nicht mehr verändert. Die Katechismen und dialogischen Belehrungen bilden in diesem Prozess deshalb eine wichtige Entwicklungsstufe, weil mit ihnen das Bemühen begann, die Inhalte der Volksaufklärung über ökonomische Gegenstände hinaus auch auf die sittlich-moralische, religiöse und politische Aufklärung auszuweiten. Auch zeigen die Überlegungen und Diskussionen der Aufklärer, dass man ein genaueres Bild des anzusprechenden Volkes gewonnen hatte.

Unterhaltsame aufklärerische Schriften

Die seit den 1750er Jahren gemachte und durch eine regelrechte Volkskunde untermauerte Erfahrung, dass es in der Begegnung von Aufklärern und bäuerlicher Bevölkerung nicht allein um die Angleichung eines unterschiedlichen Kenntnisstandes ging, sondern dass in ihr unterschiedliche Mentalitäten und ein vollständig unterschiedenes Weltverständnis aufeinanderprallten, ließ die Volksaufklärung zu einer Erziehungsbewegung werden, die zugleich auch nach neuen literarischen Mitteln der Aufklärung suchte.

Nachdem man auch mit den *Katechismen* und *Dialogen* noch nicht die literarische Form gefunden hatte, die weltlicher Lektüre Eingang in die Bauernhäuser verschaffen konnte, wurde zu Beginn der 1770er Jahre in mehreren *Intelligenzblättern* die zwei Jahrzehnte zuvor bereits von Georg Heinrich Zincke formulierte, damals jedoch resonanzlose Aufforderung an die Aufklärer gerichtet, sich bei der Gestaltung volksaufklärerischer Schriften an den traditionellen Volkslesestoffen zu orientieren.[29] »Wir wollen es versuchen«, so konnte man 1772 in den »Göttingischen gemeinnützigen Abhandlungen« über Schriften für den »Landmann« ebenso lesen wie im »Erfurthischen Intelligenzblatt«, »über das, was er noch am liebsten lieset, Beobachtungen anzustellen, und uns hiernach die Gestalt eines Werks zu gedenken, das ihn unterrichten soll.«[30]

»Ohne allen Zweifel«, so heißt es dazu, »wird uns hier das bewusste Orakel des Bauern, sein lieber Calender beyfallen. Diesen lieset er oft und gern. Ich kenne einen Landmann, der alle Sonntag Nachmittag seinen Calender durchlas, ohne mit der Zeit zu ermüden, und der bey den Geschichtgens desselben, am letzten Tage des Jahres noch so viel Vergnügen empfand als um Neujahr. Der Grund hievon lieget nicht ganz allein in den schönen Wetter Prophezeihungen, wie man vielleicht beym ersten Anblick glauben könnte. Sie tragen zwar viel dazu bey, sein Zutrauen gegen den Calender und dessen Schöpfer zu vermehren, wohl so viel, daß an einem Orte, wo man diesen Wahn aus demselben zu verbannen suchte, fast keiner mehr abgehen wollte; dennoch aber ist eine stärkere Ursache vorhanden, warum der Bauer ihn mit Vergnügen studirt. Mehr glaube ich, trägt das Wunderbare im erzählenden Tone vorgetragen, und die kleine Gestalt des Stücks zu seiner Aufnahme bey.«[31]

Waren die frühen Vorschläge zur volksaufklärerischen Umgestaltung von Kalendern durchweg von der Vorstellung ausgegangen, man müsse diese hier geschilderten Merkmale des Kalenders eliminieren und ihn stattdessen mit ökonomischen Anleitungen und Informationen füllen, die weitgehend denen gleichen sollten, die auch in den ökonomischen Schriften vermittelt wurden, so entdeckte man nun die bäuerliche Freude am Wunderbaren und Geheimnisvollen als Orientierungspunkt, an dem auch die volksaufklärerische Literatur sich ausrichten sollte. Nahe lag dann der Gedanke, dass dazu kaum der Gelehrte in der Lage sei, sondern sich der Dichter der Volksaufklärung annehmen müsse. In seiner Hand, so war man überzeugt, seien die »fruchtbarsten Mittel«, zu gefallen und das »Wunderbare« zu gestalten. Er müsse sich bei der Gestaltung einer Schrift, »die ganz und gar denen untern Classen der Landleute gewidmet wäre«, an den »Mordgeschichten, Zaubereyen usw.« orientieren und deren Merkmale für eine moralische Erzählung nutzen.[32] Dabei habe er auf »alle mögliche Deutlichkeit und Kürze« zu achten, müsse sein Werk in »kleine Abschnitte« untergliedern, in denen jeweils »nur eine Materie« abzuhandeln sei, und solle vor allem auf die erzählerische Einkleidung seiner Lehre Wert legen.[33]

Aufklärerische Kolportageschriften

Gegen die Feststellung Rudolf Schendas, der Kolporteur sei für die Aufklärer ein »unbekannter Mann« gewesen,[34] hat Reinhart Siegert zeigen können, dass es durchaus eine Reihe von Versuchen gab, populäre Kolportageschriften zur Aufklärung zu nutzen.[35] Schon 1755 war im Zusammenhang mit möglichen Vertriebswegen von den »Herumläufern, Bilder- und Bücher-Krämern« die Rede.[36] 1772 wurde über die auf Jahrmärkten und von Hausierern unter der Landbevölkerung vertriebenen »fliegenden Blätter« diskutiert. Wie diese müssten auch die vorgeschlagenen ökonomischen Erzählungen an bäuerliche Leser gebracht werden. Das einschüchternde Buch mit seinen oft seitenlangen

Zueignungen und umfangreichen Vorreden begriff man als ungeeignet zur Volksaufklärung. Vor allem, so hieß es, was gelehrt und wichtig erscheine, habe der Landmann einen Abscheu: »Wir wollen ein halb Dutzend Mord- und Brandgeschichten, die er einzeln gewiß nicht verschmähet, zusammenbinden lassen. Ich wette alles er rührt sie nicht an, und dass ohne alle Zweifel, weil sie jetzt ein wichtiges Ansehen für ihn haben. Es ist ein Buch, noch dicker als der Catechismus, der dem armen Hans vordem so manche Thräne kostete. Ursache genug, daß unsere ländlichen Freunde dafür schaudert.«[37] Mit der Beobachtung, das »Volk« liebe Sinnliches, wird die unterhaltsame Einkleidung der zu übermittelnden Inhalte zur wichtigsten Forderung an volksaufklärerische Lesestoffe. Bezogen wurde sich dabei ausdrücklich auf die kleineren Formen der traditionellen Volkslesestoffe. Hinzu trat der Gedanke, der Preis dürfe ein bestimmtes, am *Kalender* orientiertes Limit nicht überschreiten.

Soweit es den »gemeinen Mann« anging, wird man sagen dürfen, dass die von Kolporteuren verbreiteten Schriften zur populärsten weltlichen Literatur überhaupt gehörten. Auf seiner Reise von Berlin über Potsdam nach Reckahn, wo Friedrich Eberhard von Rochow seine ländliche Musterschule eingerichtet hatte, beobachtete Anton Friedrich Büsching in Berlin die auf Büchertischen verkauften Schriften, jene »unsinnigen, abgeschmackten, abergläubischen und schmutzigen Histörchen, Lieder, Eulenspiegel, Traumdeutungen, Briefe vom Himmel u.s.w. welche man auf dem Mühlendamm und in verschiedenen anderen Gegenden der Stadt verkauft, nur 3 Pf. 6 Pf. 1 bis 2 Gr. kosten, durch Titel und gute Holzschnitte zum Kauf reitzen«.

Diese Beobachtungen veranlassten den radikalen Volksaufklärer zu folgenden Sätzen: »Tausendmal habe ich mir Geschicklichkeit und Zeit gewünscht, um der Schriftsteller für die gemeinen Leute in und um Berlin zu werden, und so oft ich es schon in Gedanken gewesen bin, habe ich auch in Gedanken den kleinen Krämern in unserer Stadt, welche die Buchhändler für die gemeinen Leute sind, ihren ganzen Vorrath von unsinnigen und schädlichen Schriften abgekauft, und sie hinwieder mit reiner und gesunder Waare versehen. In solchen Gedanken habe ich mir auch das Amt eines Policeymeisters, und zugleich die Gewalt ausgebeten, alle alten und neuen Schriften, welche den Kopf, den Geschmack, und die Gesinnung der gemeinen Leute verderben, bey den Krämern und Buchdruckern von Zeit zu Zeit aussuchen, wegnehmen und verbrennen zu dürfen.«[38]

Unter Berufung auf Büsching erschien in der renommiertesten deutschen aufklärerischen Zeitschrift 1785 ein Aufsatz »Ueber die Mittel, bessere Bücher in die Hände der niedrigern lesenden Menschenklasse zu bringen«. Nicht Bücher aus den Buchläden, so behauptete der Autor, lese der gemeine Mann, »sondern Broschüren, die er gefalzt von den Tischen der Bücherhändler, z.B. in Berlin im Durchgange des Schlosses und auf dem Mühlendamme, für ein paar Dreier oder Groschen kaufen kann«, sich aber auch durch Ausleihen beschaffe.[39] 46 Heftchen-Titel »wircklicher Volksbücher«[40] – zählte der Autor auf, die er auf den Tischen von Büchertrödlern vorgefunden hatte, darunter Titel wie »Till Eulenspiegel«, »Der gehörnte Siegfried«, »Die Schildbürger«, »Die schöne Magelone«, »Die schöne Melusine«, »Geschichte vom Doktor Faust«, die »Historie vom Kaiser Octavianus«, »Geschichte Herzog Heinrich des Löwen«, »Der ewig Jude«, »Historie vom Herzog Ernst« oder »Fortunatus mit seinem Seckel«, den »Hundertjährigen Kalender«, Kochbücher und Künstbüchlein, veterinär- und humanmedizinische Schriften wie eine »Vollständige Haus- und Land-Apotheke«, »Bewährte Arzneimittel fürs Rindvieh«, auch ein »Türkischer Roßarzt« oder ein »Neu vermehrtes Viehbüchlein«, ein »Branntweinbuch« und ein »Kräuterbuch«, Märchen- und Sagenhaftes wie »Sieben weise Meister«, »Der edle Finkenritter«, »Der Aufschneider« und »Der Schlesische Rübezahl, Magisches wie eine »Neu vermehrte und aus dem Arabischen übersetzte Punktierkunst«, »Neu alamodische Räthselfragen«, ein »Neu aufgelegtes Glücksrädlein«, ein Planeten- und ein Traumbuch, ein »Glücksrädlein« und »Sybillen-Weissagungen«, Volks-Enzyklopädien wie eine »Historie von Erschaffung der Welt« und eine kleine Kosmographie, »Seilergesellen-Handwerksgewohnheiten«, eine »Lustrose« und eine »Ganz neu zusammengetragene Liebesrose«, »Sammlungen von Liedern, worunter manches aus guten Dichtern genommen ist«, endlich »Das Gespräch Jesu mit Petro«, auch aber »Esopi Fabeln und Leben desselben«. Vieles davon sei angefüllt mit »vielen höchst irrigen Begriffen«, »die sich in dem Kopf des Volks unvertreiblich festsetzen«.[41]

Aus seinen Beobachtungen entwickelte der Verfasser den Vorschlag zu volksaufklärerischen Schriften, die den Vertriebsweg der erfolgreichen Kolportageschriften nutzen sollten, denn »nur allein durch den Weg der Büchertische kann man am sichersten zur Ausführung dieses Entwurfs gelangen«[42]. Wenn 20 Patrioten ein Startkapital von 100 Reichstalern aufbrächten, reiche dies für 2 kleine Volksschriften mit einer Auflage von 2.000 Exemplaren und einem Umfang von 80 Druckseiten in Oktav.[43] Ein Teil der Auflage solle unentgeltlich an die »Büchertischler« verteilt werden, »und erwarte, ob sie Abgang finden werden. Man lasse aber den Preis auf den Titel setzen, damit keine Vertheurung stadtfinde.«[44]

Detailliert wurde nun der Weg beschrieben, wie im Tausch bei den Büchertrödlern die alten schädlichen »Volksbücher« durch neue auszuwechseln seien, auch wurde zur Nutzung der traditionellen Volkslesestoffe geraten: da »das Volk sich einen Theil der alten Bücher schwerlich ganz wird nehmen lassen; so lege man es nicht bloß auf neue Volksbücher an, sondern verbessere die alten unvermerkt, nur nicht zu sehr auf einmal. Besonders bedenke man, daß derjenige, welcher die Schuhe mit Bast bindet, nach seiner Art so gut amüsirt sein will, als der vergoldete Herr, für den er schwitzt. Daher predige und moralisiere man mäßig; und, statt zu versuchen, ob man ihn überzeugen könne, daß er nicht elend sei, lasse man ihn lieber ein wenig lachen und seines Elends darüber vergessen.«[45]

Bemerkenswert ist der abschließende Ratschlag, in den neu zu schaffenden Kolportageschriften nicht allzu sehr den Sittenlehrer hervorzukehren, »denn sonst könnte uns der Landmann leicht zu seiner Postille legen, und uns nur lesen, um ein gutes Werk gethan zu haben.«[46] Auch in katholischen Gegenden dachte man darüber nach, wie die Kolportage zur Aufklärung genutzt werden könne, und empfahl nicht nur das Verschenken nützlicher Schriften, sondern war davon überzeugt, dass zu »Werkzeugen der Verbreitung […[die Land-Wallfahrts- und hausirenden Bücher- und Bilderkrämer gebraucht werden [müssten], wie sie bisher die Apostel des Aberglaubens und allerlei Unsinns unter dem Volke waren«.[47]

Über die volksaufklärerischen Kolportageschriften ließe sich ein eigenes Buch schreiben, so dass hier nur eines der frühesten Beispiele aus den 1770er und ein weiteres aus der Hochzeit der Volksaufklärung, den 1790er Jahren, vorgestellt werden soll:

Um 1770 dachte der preußische Gutsbesitzer Friedrich Eberhard von Rochow intensiv darüber nach, welche praktischen Konsequenzen seine Überzeugung haben müsste, jedem Menschen gleich welchen Standes sei die Gottesgabe »Vernunft« geschenkt worden. Er leitete auf seinen Gütern eine Schulreform ein, die alle gängigen Übel der Landschulen in Preußen an der Wurzel angriff. Zuerst stellte er den Bauernsohn Heinrich Julius Bruns als Schulmeister für seine Schule in Reckahn ein. Gemeinsam mit ihm entwickelte er neue – in heutiger Sprache: reformpädagogische – Unterrichtsmaterialien und -methoden. Erstmals standen kindliches Bedürfnis, Anschaulichkeit und lebendiger Unterricht im Mittelpunkt aller Tätigkeit an einer Dorfschule. Kinderköpfe sollten nicht mehr mit sturem Auswendiglernen und dem Prügel traktiert werden. Da es für den Unterricht nur die traditionellen religiösen Lehrbücher gab, die auf das Verständnis der Schüler wenig Rücksicht nahmen, verfasste von Rochow kleine Erzählungen aus dem ländlichen Lebensbereich der Kinder, die im Unterricht dann in der »sokratischen Methode«, in Frage und Antwort also, behandelt wurden.

Zugleich ließ er 1773 diese Erzählungen unter dem Titel »Bauernfreund« auch drucken und durch einen invaliden Soldaten, dem er hunderte Exemplare schenkte, so dass der Erlös zu seinem Lohn wurde, von Haus zu Haus verkaufen. An seinen Freund Friedrich Nicolai schrieb von Rochow am 30.4.1773: »Es ist unglaublich, welchen Nutzen dergleichen Geschichten bei meinen Schulkindern stiften. Ich mußte dergleichen selbst erfinden und einkleiden, weil den meisten schon bekannten die Einkleidung sowohl als die Wahl für die moralischen Bedürfnisse des Landmanns fehlte. Ich denke, alles dem Landmann Wissenswürdige aus der christlichen Moral und aus den notwendigen Kenntnissen der Landesrechte und der Ökonomie in diesen Geschichten anzubringen.« Die Adressaten des »Bauernfreundes« waren neben der Jugend auch die Bauern selbst, denn in dem Brief an Nicolai hieß es über die Erzählungen: »Vielleicht gibt Gott Segen, daß sie die Mordgeschichte mit erbaulichen Liedern, den gehörnten Siegfried und O jemine usw. verdrängen. Denn dergleichen war die Literatur des Bauern, Bibel, Gesangbuch und Heilsordnung ausgenommen.« Zur Gestaltung der separaten Hefte schrieb von Rochow an Nicolai, der Druck müsse groß sein, »etwa wie der der großen Postille«.[48]

Dieser »Bauernfreund« war eine Vorstufe des »Kinderfreunds«, der als erstes weltliches Schullesebuch in Deutschland die Lücke zwischen Fibel und Bibel ausfüllen sollte und den Gutsbesitzer von Rochow zu einem der erfolgreichsten volksaufklärerischen Autoren werden ließ.[49] Zu diesen gehörte auch der protestantische Geistliche Johann Ferdinand Schlez, der sich mit Schriften wie »Geschichte des Dörfleins Traubenheim«,[50] »Des Jüngern Wilhelm Denker Haus-Calender für seine lieben Nachbarsleute«[51] oder »Gregorius Schlaghart und Lorenz Richard oder die Dorfschulen zu Langenhausen und Traubenheim«[52] einen Namen gemacht hatte. 1797 stellte er in Rudolph Zacharias Beckers »Reichs-Anzeiger« einen umfangreichen Plan für eine

Reihe von »Flugschriften für das Volk, zur Verdrängung sittenloser und unvernünftiger Blätter, die von Hausirern verkauft werden«, der Öffentlichkeit vor.

Schlez erhoffte sich von seinem Projekt eine Wirkung, wie sie von den »zum Theile vortrefflichen Volksbüchern« bedauerlicherweise nicht erzielt würde: »Außer einigen Erbauungsschriften und dem Kalender kauft sich bekanntlich der gemeine Mann nicht leicht etwas Gedrucktes, wenn er nicht zuweilen auf Jahrmärkten und vor seiner Thür von Hausirern und Bettlern mit neuen schönen weltlichen Liedern, gedruckt in diesem Jahre, mit schrecklichen Prophezeihungen, niedrigen Zoten, Wunderhistorien und Schmähschriften auf den gesunden Menschenverstand versehen wird. [...] Sollte man nicht lieber diese fast einzige Gelegenheit, Druckschriften unter das Volk zu bringen, auf eine edlere Art benützen?« Schlez verwies auf das Beispiel der englischen »Volksschriftstellerin Hannah More«, von deren Flugschriften durch eine eigens errichtete Druckerei und Expedition bereits 2 Millionen monatlich erscheinender Flugschriften verbreitet worden seien und forderte »Kenner und Freunde des Volks, die auch Talent haben für dasselbe zu schreiben«, dazu auf, an einem ähnlichen, bei der Hofbuchhandlung Lübeck in Bayreuth verlegten Unternehmen mitzuwirken: »Wäre es nicht Verdienst, um diese Personen sowohl, als überhaupt um das Volk, wenn begüterte Menschenfreunde die hier angekündigten Volksblätter verschrieben, und sie entweder unentgeldlich, oder auch gegen Wiedererstattung der Auslage diesen armen Leuten zum Verkaufe überließen? Die Hausirer würden ohne Zweifel keinen unglücklichen Versuch machen, da sie auch bey gebildeten Personen ihre Waaren feilbieten dürften«.[53]

Tatsächlich begann damit der größte volksaufklärerische Versuch, einfache Leser mit Kolportageliteratur anzusprechen. Ab 1797 erschienen 85 »Fliegende Volksblätter«,[54] die sowohl separat wie auch zusammengebunden vertrieben wurden und einen Umfang von 10 bis 20 Druckseiten hatten. Titel wie »Martens; oder wie wohl man sich bey der Ehrlichkeit befindet«, »Die Schatzgräber. Eine getreue Anweisung zur Kunst, Schätze zu heben«, »Die [recte: Der] Spieler. Eine Warnungstafel für alle Seinesgleichen«, »Das Heckemännchen; oder die Kunst, ohne Zauberey wohlhabend zu werden (von Benjamin Franklin)«, »Der ehrliche Fallmeister; Oder: alle Geschäfte sind ehrlich, wenn man sie ehrlich treibt«, »Acht Volkslieder. (von Schubart, Schneider, Miller, Degen, Hölty und Schlez)«, »Der Fündling. Eine wahre Geschichte«, oder »Geschichte des Dorfes Finsterthal. (aus Trautvetters Gesprächen über verschiedene, besonders landwirthschaftliche Gegenstände)«. 1798 setzte Schlez das Projekt mit seinem »Volksfreund«, [55] 1800 mit einem »Erzähler« fort.[56] »Volksfreunde«, so hieß es 1798 auf der Umschlagbroschur, »werden sich daher um die gute Sache verdient machen, wenn sie Buchbindern, die mit dem Heften dieser Blätter und mit dem Verkaufe derselben auf Jahrmärkten sich abgeben mögen, hausierenden Krämern, oder auch andern Personen, die das Geschäfte eines Colporteurs übernehmen wollen, diese Flugschriften empföhlen, oder ihnen nöthigen Falls, zu diesem Endzwecke selbst verschrieben.«

Auch setzte Schlez sich detailliert damit auseinander, dass alle bekannten Volksschriften in der Form ganzer Bücher vertrieben würden, die zwar zum Teil viele Aufsätze enthielten, aber als zusammenhängendes Ganzes stets zu teuer für Büchertrödler seien. Das anvisierte Publikum versteige sich in seiner Kauflust nicht leicht über einen Groschen, so dass nur Kalender und Flugschriften als Kaufmannsgut für das »Volk« in Frage kämen. Die Hauptabsicht der zumeist moralischen Erzählungen, so ergänzte Schlez 1800, sei weiterhin »auf die sittliche Veredlung des Volkes gerichtet«. Alle Lehren müssten als Erzählung eingekleidet sein, »weil diese Form dem großen Haufen am meisten zu behagen scheint.«[57]

Die »Noth- und Hülfsbüchlein«-Welle in der deutschen Literatur – Unterhaltende Aufklärung und enzyklopädische Weltkenntnis

Die beiden Teile des »Noth- und Hülfsbüchleins« bieten Ratschläge und Informationen für eine vernünftige Lebensführung und eine fortschrittliche Organisation der ländlichen Land- und Hauswirtschaft.[58] Eingekleidet in eine romanhafte Handlung, wollten Belehrung und Unterhaltung Hand in Hand gehen. Die beiden 1788 und 1798 erschienenen Bände sind Musterbeispiele für die Volksaufklärung vor und nach der Französischen Revolution. Als Verfasser des »Noth- und Hülfsbüchlein für Bauersleute«, das zahlreiche Auflagen erlebte und von dem ungefähr eine halbe Million [sic] Exemplare gedruckt wurden, war Rudolf Zacharias Becker führender »Volksaufklärer« seiner Zeit und Autor des meistverbreiteten weltlichen Buchs im Deutschland des 18. und frühen 19. Jahrhunderts, der in einer großen Bürgerinitiative die Ideen der Aufklärung in breitere Volksschichten einführte. Die folgenden einleitenden Verse sprachen in Band 1 die Leser an:

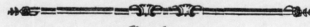

Noth- und Hülfsbüchlein *von Rudolph Zacharias Becker. Mit einer Auflage von einer halben Million Exemplaren wurde das Noth- und Hülfsbüchlein Rudolph Zacharias Beckers zum meistverbreiteten weltlichen Buch in Deutschland. – Ex.: Privatbesitz.*

Dito: Beispiel für eine Holzschnitt Illustration: Das Bilsenkraut. Beispiel für die gelungenen Holzschnitt-Illustrationen im Noth- und Hülfsbüchlein *Rudolph Zacharias Beckers. – Ex.: Privatbesitz.*

Dies ganze Buch ist mit Bedacht
Für Bauersleute so gemacht,
Daß, wer es liest und darnach thut,
Verstand, Gesundheit, guten Muth
Erhält, auch wohl ein reicher Mann
Nach dessen Vorschrift werden kann.
Zur Lust für Kind und Kindes-Kind
Viel schöne Bilder drinnen sind.
Vier baare Groschen gutes Geld,
So achtzehn Kreuzer rheinisch hält,
Sind der wohlfeile Preis davon,
Wozu noch kommt das Binder-Lohn.
Was Guts darinn' ist, übe fein!
So wird der Kauf dich nicht gereun.

Das Buch wurde über die größte Buchsubskription des 18. Jahrhunderts an solche Menschen gebracht, die durch Geschenkaktionen, die Einstellung in Bibliotheken oder die Nutzung als Schullektüre für dessen Verbreitung bei den eigentlichen Adressaten sorgten. Binnen zwölf Monaten waren 18.000 Exemplare bestellt, und die Bestellungswelle rollte weiter bis auf 28.000 Exemplare. Es war Becker gelungen, die Schicht der Gebildeten auf breitester Front anzusprechen, ihr plausibel zu machen, dass man die Bauern durch ein entsprechend geschickt geschriebenes Buch aufklärerisch beeinflussen könne und dass er der richtige Mann dafür sei, dieses Buch zu schreiben. Die Erstauflage von 30.000 Exemplaren wurde in vier Druckereien gleichzeitig gedruckt.[59] Über den Plan seines Werks berichtete Becker, er habe »dem Landmanne ein System von Kenntnissen und Gesinnungen« vermitteln wollen, »welches ihn als Mensch, als Landmann und als Staatsbürger glücklich machen müßte«, »den unserm Geschlecht eigenen Verbesserungstrieb bey dem Landmanne in Bewegung setzen«, es solle den Leser lehren, über »die ihn umgebenden Dinge immer weiter nachzudenken, und sich allmählich immer richtigere Begriffe und bessere Gesinnungen selbst zu bilden«. Bemerkenswert der folgende Gedanke Beckers über den von ihm imaginierten Leser: »Ich glaubte, man müsse ihm zuerst Lust machen, besser zu essen, zu trinken, zu wohnen etc. und dann müsse der erwachte Verbesserungstrieb auf die Verhältnisse des häuslichen, gesellschaftlichen und bürgerlichen Lebens, bis zur Stelle des Menschen in der Schöpfung und sein Verhältniß zum Schöpfer fortgeleitet werden. Als wichtigste Maxime, die er vermitteln wollte, galten Becker die Worte: »Verfahre in der fortschreitenden Vervollkommnung immer so, daß du vernünftig wollen kannst, die ganze Welt möge ebenso handeln! Oder – thue immer recht und niemahls Unrecht!«[60] Mit anderen Worten: Der Leser sollte zum Selbstdenken und Selbsturteilen angehalten werden.

Nachdem Becker im ersten Band seines »Noth- und Hülfsbüchleins« praktische Ratschläge und Informationen zu allen Lebensbereichen seiner Leser in den Mittelpunkt stellte, kann es im 1799 erschienenen zweiten Band in dem fiktiven Dorf Mildheim zu Reformen kommen, die dem Motto folgen »Ihr müßt euch selbst helfen!«[61] Das sodann durchgeführte Verbesserungswerk führt zu einer gemeindlichen Selbstverwaltung auf einer Grundlage, die den in der Französischen Revolution formulierten bürgerlich-demokratischen Vorstellungen nahe kommt, und zu genossenschaftlichen Strukturen im Dorf. Die Selbsthilfe der Bauern wird ergänzt durch gegenseitige Hilfe. Institutionen entstehen in Mildheim, die auf dem Lande noch bis in das 20. Jahrhundert Zukunftsmusik darstellten: Eine Gemeinde- und Schulbibliothek, eine Badeanstalt, eine Apotheke, eine Art Sparkasse und eine Anstalt zur Brandbekämpfung. Beckers Gesellschaftsbild ist noch an der ständischen Ordnung orientiert, doch weisen die von ihm propagierten Reformen ebenso wie die Eigenständigkeit und demokratische Selbsttätigkeit der bäuerlichen Bevölkerung über diese hinaus.

Das »Noth- und Hülfsbüchlein« löste mit seinem durchschlagenden Erfolg eine regelrechte Welle von Nachahmungen, Bearbeitungen für unterschiedliche Konfessionen und »Seitenstücken« auf dem Buchmarkt aus, insgesamt um die vierhundert Schriften. Weiter stehen Beckers Werk zahllose aufklärerische Schriften mit unterhaltsamen Anteilen zur Seite, von der notdürftig mit einer Rahmenhandlung versehenen Anweisung zur Bienenzucht bis zur literarisch anspruchsvollen, romanhaften Dorfutopie. Daneben entstanden in periodischer und selbstständiger Erscheinungsweise zahlreiche sehr erfolgreiche Schriften enzyklopädischen Charakters, unter denen Zerrenners »Volksbuch«[62] und Seilers »Allgemeines Lesebuch für den Bürger und Landmann«[63] die verbreitetsten sind.

Es ist bekannt, dass von Beckers Werk knapp eine halbe Million Exemplare gedruckt wurden, doch auch Seilers »Lesebuch« aus dem Jahre 1790 brachte es nicht nur auf je 30 Auflagen für Protestanten und für Katholiken, sondern auch auf 250.000 verkaufte Exemplare. An ihm ist beispielhaft zu sehen, was in der Volksaufklärung enzyklopädische Konzeptionen bedeuteten. Das Lesebuch begann mit einer »Erdbeschreibung«. An sie schlossen sich »Sitten- und Klugheitslehren«, die an 200 Sprichwörtern veranschaulicht wurden, sowie »Übungen des Verstandes und Witzes«. Es folgten die Kapitel »Naturlehre«, »Himmelskunde und Zeitrechnung«, wo das heliozentrische Weltsystem erläutert wurde, sowie »Ökonomie und Landwirtschaft«. Sodann wurden »Gute Rathschläge« zu allen Bereichen des Alltagslebens verabreicht, die helfen sollten, »mancherley Vortheile zu erhalten, Schaden zu entfernen und in Noth sich zu helfen«. Erzählungen »Wider den schädlichen Aberglauben« dienten auch der Unterhaltung, eine »Geschichte der Deutschen« der Vermittlung historischer Kenntnisse und »Gemeinnützige Rechtslehren« der Bekanntschaft mit Gesetzen und Rechtssystem. Den Abschluss bildete eine »Sittenlehre für Erwachsene«.

Als Bearbeiter der einzelnen Sachthemen hatte Seiler bedeutende Fachgelehrte wie die Erlanger Rechtsprofessoren Johann Bernhard Geiger und Christian Friedrich Glück, den Agrarreformer Johann Friedrich Mayer aus Kupferzell, den Erlanger Professor Johann Christian Daniel Schreber und Johann Georg Meusel verpflichtet. Der Siegeszug des Lesebuches, das bei einem Umfang von fast 600 Seiten nur 5 Groschen kostete, war lediglich anfänglich durch falsch angegebene Trächtigkeitszeiten für gängige Haustiere ein wenig gebremst.

Dem Seilerschen »Lesebuch« folgten zahlreiche Nachahmungen bis in das 19. Jahrhundert. Viele von ihnen waren bedenkenlose Kompilationen. In den Diskussionen um solche Buchhandelsspekulationen entwickelten die großen Rezensionsorgane, die »Allgemeine Literaturzeitung«, die »Allgemeine deutsche Bibliothek« und die katholische »Oberdeutsche Allgemeine Literaturzeitung« Maßstäbe für eine enzyklopädische Literatur, die sich an einfache Leser richtete. Betont wurde die Verpflichtung, dadurch »dem Volke seine Achtung zu beweisen«, dass für Richtigkeit und Verständlichkeit des Dargebotenen Sorge getragen wurde.[64] 1799 hieß es in einer enzyklopädischen Zeitschrift, die als »Rathgeber für alle Stände« firmierte, es gehe vor allem darum, die »Früchte des forschenden und erfindenden Genius aus der Studierstube und vom Katheder ins wirkliche Leben übertragen« zu helfen.[65]

Aufklärerische Kalender – hier nur ein Kuriosum

Unter hunderten Kalendern, die als populärste weltliche Schrift Jahr für Jahr in allen Haushalten zu finden waren und in allen deutschen Territorien erschienen,[66] soll hier nur ein einziger unter zahlreichen anderen genannt werden, der als ein Kuriosum nicht nur den bereits mehrfach zitierten Vorschlag der Aufklärer zur aufklärerischen Umgestaltung des Kalenders beherzigte, sondern den Titel dieses populären Druckmediums für eine periodische Schrift nutzte. Ein Titel wie »Immerwährender Calender der gesunden Vernunft oder Handbuch zur Erklärung des Kalenders auf alle Jahre. Allen Biedermännern, hohen und niedern Standes, welche vernünftige Begriffe zu befördern suchen, gewidmet«[67] war schon höchst originell, die monatliche Erscheinungsweise erst recht. »Gegenwärtiger Kalender«, so sprach der Herausgeber und Verleger die Leser an, »ist über einen ganz neuen Leisten geschlagen. Abergläubische Meynungen sind darinn aufgestellt und mit dem Lichte der Aufklärung beleuchtet; er ist mit Gesundheitsregeln und andern

nützlichen Dingen ausstaffirt, die merkwürdigsten Tage sind vorzüglich be-
merkt, einige mit der kurzen Geschichte, die ihren Namen verursachte, gezieret,
woher begreiflich wird, warum dieses oder jenes an einem gewissen Tage
gern vorgenommen, geglaubt oder vorher verkündiget wird.«[68] Neben medizinischen und ökonomischen Ratschlägen und Informationen fanden sich
naturkundlich-belehrende Beiträge, Auseinandersetzungen mit Kalenderpro-
phezeiungen und Traumbüchern unter Titeln wie »Wie entstand die Zeitrechnung«, »Das Weltgebäude«, »Ereignisse in der Luft«, »Wind«, »Kalen-
der-Prophezeiung«, oder »Von den Zeichen des Todes«. Zur ungewöhnlichen
monatlichen Erscheinungsweise des »Kalenders« teilte der Verleger in einer
Verlagsanzeige mit, diese sei vor allem gewählt worden, damit die Kosten weniger spürbar würden: »Um die Anschaffung eines so gemeinnüzzigen Buches
noch mehr zu erleichtern und zu verbreiten, hab' ich die mühsame monatliche
Ausgabe gewählt [...] und mit dem zwölften Monate ist ein ordentlich Buch
vollendet, das gewiß nicht blos unterhaltend, sondern auch belehrend seyn
wird, und unsern guten Volksschriften an die Seite gesezt werden kann.«[69]

Populäre medizinische Schriften

Unter den ersten Nachahmungen des »Noth- und Hülfsbüchleins« machte
1789 sogleich ein »Oekonomisches Medicinisches Handbuch für alle Menschen« von sich reden, das sich marktschreierisch als »der zweyte und wahre
Theil des Noth- und Hülfsbüchlein[s]« anpries.[70] 1791 erschien ein »Arzney-
büchlein für Menschen und Vieh«, das als unentbehrlicher Anhang zum
»Noth- und Hülfsbüchlein« auf den Markt kam.[71] Selbstverständlich gab es
auch bereits in Beckers Original medizinische Ratschläge, darunter ein Kapitel
»Wie bey einer ungeschickten, säuischen und unordentlichen Hausfrau immer
alles kränkelt und elend ist«.[72] Becker berief sich mit seinen Ratschlägen auf
den europaweit geschätzten schweizerischen Arzt Tissot, mit dessen Namen
die aufklärerische Gesundheitserziehung so eng verbunden ist wie mit keinem
anderen. Sein zuerst 1761 in Lausanne erschienenes Werk »Avis au peuple
sur sa santé« hatte während des ganzen 18. Jahrhunderts einen beispiellosen
Erfolg,[73] da es den Aufklärern als sachlich erklärendes, deutliches und fassliches
Handbuch, das die wichtigsten Krankheiten der ländlichen Bevölkerung be-
rücksichtigte „wie ein Geschenk des Himmels« erschien. In den Übersetzungen des Züricher Stadtarztes Hans Caspar Hirzel von 1762 und Johann

Ulrich Paulis von 1767 reüssierte es auf dem Buchmarkt,[74] hundertfach erschienen Auszüge in Zeitschriften, kleinen Broschüren, Intelligenzblättern und Kalendern, tausendfach wurde aus dem Werk zitiert.

Unzählige medizinische Volksschriften entstanden seit den 1760er Jahren, die als Ausdruck größerer Wertschätzung des einzelnen Menschenlebens erscheinen. Angesichts aktueller Diskussionen dürfen die zahllosen Traktate zur Popularisierung der Pockenimpfung Interesse beanspruchen.[75] Die medizinische Volksaufklärung hatte gegenüber allen anderen Bemühungen der Aufklärer, den »gemeinen Mann« zu vernunftgerechtem Denken, Leben und Wirtschaften anzuhalten, den unschätzbaren Vorteil, Informationen und Ratschläge zu geben, die zumindest in Zeiten von Krankheit nicht aufgezwungen werden mussten. Wie bisher in kaum einem ansonsten bücherlosen Haushalt ein »Praktischer Hausarzt« fehlte, so durften medizinische Ratgeber zur Erkennung und Behandlung von Krankheiten zu allen Zeiten auf Interesse zählen und gehörten somit nicht nur zu den beliebtesten Objekten buchhändlerischer und verlegerischer Spekulation, sondern stellten für große Teile der Bevölkerung neben dem Kalender die populärsten Druckmedien überhaupt dar.[76]

Ein typischer Titel der medizinischen Aufklärung lautete 1768 »Der Bauren-Freund, oder Entdekung einiger der vornehmsten Ursachen vieler Krankheiten und elenden Umstände unserer lieben Landleute«,[77] beispielhaft neben Titelformulierungen wie »Anleitung«, »Ratschlag«, »Vorschläge«, »Warnungen«, »Die Hausmutter am Krankenbette«, auch ein »Gesundheits-Katechismus« der mit dem Religions-Katechismus verbunden werden sollte.[78] Neben der Vermittlung neuer Kenntnisse übernahmen medizinische Volksschriften die Aufgabe, mit der Behandlung eines populären Themas leseungewohnte Adressaten überhaupt erst anzusprechen und so zur Verbreitung aufklärerischen Gedankengutes beizutragen. Das Programm der medizinischen Volksaufklärung ist nicht ohne Aktualität, indem es in starkem Maße die vorbeugende Gesundheitspflege propagiert und so die Eigenverantwortung des noch Gesunden anspricht. Auch der im Mittelpunkt stehende Kampf gegen den Aberglauben erscheint nicht nur Belächelns wert, wenn man zur Kenntnis nimmt, dass heute in manchen Ländern Maßnahmen gegen AIDS oder Corona auch an der Überzeugung scheitern, dass die Ursache allen Übels im Groll von Ahnengeistern oder in bösen Zaubereien zu finden sei. Wesentliches Ziel der Aufklärung war ein höheres Maß an Selbstbestimmung und Entscheidungskompetenz in Fragen von Krankheit und Gesundheit.

Entwurf zu einem Gesundheits-Katechismus 1792. Bernhard Christoph Faust: Gesundheits-Katechismus, der auf der Grundlage des hier abgebildeten Entwurfs ab 1794 erschien, ist eine der verbreitetsten Volksschriften überhaupt. Zuerst wurde er von der Fürstin Juliane von Schaumburg-Lippe zu Bückeburg gemeinsam mit einem aufklärerischen Religionskatechismus in den Schulen eingeführt. – Ex.: Privatbesitz.

Die Forderung, der Laie habe in der Diskussion über Mittel und Ziele der Medizin ein gewichtiges Wort mitzureden, ist ihrem Grundgedanken nach bei vielen Aufklärern zu finden, die energisch dafür eintraten, medizinische Kenntnisse aus dem Ghetto des Geheimwissens in den Bereich der Öffentlichkeit zu überführen.[79] In ihren besten Vertretern begriffen besonders Ärzte die medizinische Volksaufklärung als nichts anderes als den »Ausgang eines Menschen aus seiner Unmündigkeit in Sachen, welche sein physisches Wohl betreffen«.[80]

Die Geburt eines Sachbuchmarktes
aus der populären Aufklärung – periodische Schriften

Bereits 1786 behauptete Friedrich Nicolais »Allgemeine Deutsche Bibliothek«, in keinem anderen Land seien Volksschriften »in so ungeheurer Menge, und fast über **alle** Gegenstände des menschlichen Wissens verfertigt« worden.[81] Vom Beitrag der frühen Volksaufklärung zur Entstehung einer Sachliteratur für einfache Leser ist im Zusammenhang mit den kleinen ökonomischen, landwirtschaftlichen und hauswirtschaftlichen Schriften seit den 1750er Jahren bereits gesprochen worden. In den Jahrzehnten danach kam es neben den unterhaltend-fiktionalen Schriften zu Erweiterungen des Themenspektrums auf juristische, politisch-staatsbürgerliche, geographische, länderkundliche, ästhetische, historische und religiöse Themen. Sachinformation und praktische Lebenshilfe für das *Volk* gehen hier Hand in Hand. Behandelt wurden neben ökonomischen und medizinischen Sachverhalten Lieblingsthemen der Volksaufklärung wie Aberglauben, Astronomie, Blitzableiter, Feuerschutz, Schulwesen, Kindererziehung, Naturgeschichte, Sparkassenwesen, Tierschutz, Trunksucht und Versicherungen; kein Bereich des Lebens blieb ausgeschlossen. Auch Dichtung und Schöne Literatur wurden an neue Leserschichten gebracht, zahlreiche Liederbücher wollten die Lehren der Aufklärer durch Singen popularisieren.[82]

Zunehmend populär wurden durch die Volksaufklärung periodische Schriften, besonders die mehrere hundert Zeitungen und Zeitschriften, die sich unter Titeln wie »Volksfreund«, »Zeitung für Städte, Flecken und Dörfer« »Bote« oder »Volkszeitung« an einfache Leser wandten. In ihnen wurde der gesamte Wissensstoff der Zeit vermittelt. Zahlreiche Zeitungen wollten zur Urteilsfähigkeit einfacher Leser auch in politischen Angelegenheiten beitragen. Als Folge allgemeiner Politisierung wurden Fragen der Gestaltung und Entwicklung des Gemeinwesens diskutiert. ❦

Christian Gotthilf Salzmann (Hrsg.): Bote aus Thüringen 1788–1816. *Es handelt sich um das literarisch ambitionierteste und – gemeinsam mit der Zeitung für Städte, Flecken und Dörfer – langlebigste volksaufklärerische Periodikum des 18. Jh.s. Zur unterhaltsamen Belehrung werden Dialoge, Romane, Fabeln, die Moralische Erzählungen, Gedichte usw. eingesetzt. Nachrichten über das politische Tagesgeschehen sprachen eine größere Leserschaft an, besonders die Berichte über*

Der Bote aus Thüringen

Schnepfenthal 1791.
Im Verlage der Erziehungsanstalt daselbst,
und in Commission bey S. L. Crusius zu Leipzig, wie auch
in der Felseckerschen Buchhandlung in Nürnberg, der Herr-
mannschen Buchhandlung in Frankfurt am Mayn, der
Gothaischen Zeitungsexpedition und allen
Postämtern.

die Französische Revolution. Die recht entschiedenen Urteile über die Ereignisse in Frankreich widersprechen dem Bild von einer devoten, ihren Lesern stereotyp den Gehorsam gegenüber den Obrigkeiten predigenden Presse. Sie zeigen im Gegenteil eine Zeitung/Zeitschrift, die ihr Lesepublikum mit dem Weltgeschehen vertraut macht und komplizierte Vorgänge erläutert. Ex.: Deutschen Presseforschung, Universität Bremen.

1 Vgl. den Beitrag von Jürgen Wilke in diesem Band, S. 23–43.

2 Vgl. die umfassende Quellendokumentation bei Holger Böning/Reinhart Siegert: Volksaufklärung. Biobibliographisches Handbuch zur Popularisierung aufklärerischen Denkens im deutschen Sprachraum, 1990–2016. Einzelne dort verzeichnete Titel werden im Folgenden mit Böning / Siegert: Volksaufklärung, Bd., Titel-Nr. nachgewiesen.

3 [Moses Mendelssohn]: Über die Frage: was heißt aufklären? In: Berlinische Monatsschrift, Bd. 4, 1784, S. 193–200, bes. S. 197. Siehe Böning/Siegert: Volksaufklärung, 2.1, Nr. 01899.

4 Ohnmaßgebliche Vorschläge und Anmerckungen, als eine Antwort auf vorstehende zufällige Gedancken über die bishero herausgegebenen öconomischen Schriften und deren allgemeinen Nutzen. In: Leipziger Sammlungen, Bd. 11, 1755, S. 949–950, 953–967. Siehe Böning/Siegert: Volksaufklärung 1, 1990, Nr. 0274.

5 Julii Bernhards von Rohr Compendieuse Physikalische Bibliotheck Darinnen die meisten und neuesten Schrifften, die sowohl von der Natur-Wissenschafft überhaupt Als insonderheit von den Elementen, von den Gewächsen, Kräutern, Mineralien, Thieren, Menschen, Meteorien und allen andern Physikalischen Materien handeln […]. Leipzig: Johann Christian Martini 1724, alle Zitate unpaginierte Vorrede. Böning/Siegert: Volksaufklärung 1, 1990, Nr.0075.

6 Von dem Nutzen, welchen die Naturwissenschaft in der Oeconomie verschaffet. In: Hamburgisches Magazin, Bd. 16, 1756, S. 531–550. Böning/Siegert: Volksaufklärung 1, 1990, Nr.0307.

7 Christian Wolff: Entdeckung der Wahren Ursache von der wunderbahren Vermehrung Des Getreydes. Nachdruck der ersten Ausgaben Halle 1718 und 1719, Berlin 1719. Mit einem Nachwort von Holger Böning. (Volksaufklärung. Ausgewählte Schriften, 1), Stuttgart-Bad Cannstatt: Frommann-Holzboog 1993, Vorrede. Böning/Siegert: Volksaufklärung 1, 1990, Nr. 0060.

8 Ohnmaßgebliche Vorschläge und Anmerckungen (wie Anm. 4), S. 947f.

9 Ebd., S. 959.

10 (P[hilipp] E[rnst] Lüders): Vorläufige Nachricht von dem Bau und Errichtung der Acker-Academien und oeconomischen Lehrschulen. Flensburg: »gedruckt bey den Gebrüdern Serringhausen« o.J. (1759), S. 6. Böning/Siegert: Volksaufklärung 1, 1990, Nr.0365.

11 Etwa 6.000 Schriften sind verzeichnet bei Friedrich Benedict Weber: Handbuch der ökonomischen Literatur, 1803–1842. Siehe weiter: Ueber das Lesen der ökonomischen Schriften und andere Texte vom Höhepunkt der Volksaufklärung (1781–1800). Hg. von Reinhart Siegert. Quellentexte zum Höhepunkt der Volksaufklärung im deutschsprachigen Raum ab 1781. […]. (Volksaufklärung. Ausgewählte Schriften, 12), Bremen: edition lumière 2010.

12 Vgl. Böning/Siegert: Volksaufklärung 1, 1990, Nr. 0370.

13 Abgedruckt bei (Philipp Ernst Lüders): Allerunterthänigster Bericht an Ihro Königl. Majestät zu Dännemark, Norwegen ec. worin eine fortgesetzte Nachricht von dem Bau der Acker-Academie enthalten ist. Flensburg: »gedruckt mit Serringhausischen Schriften« 1762, S. 19–20. Vgl. Böning/Siegert: Volksaufklärung 1, 1990, Nr. 0448.

14 Das Schreiben findet sich ebd., S. 24f.

15 Ebd. S. 20

16 Ebd., S. 20 f.

17 Ebd.

17 Ebd., S. 26–27 das entsprechende Schreiben an solche Bauern.

18 Schreiben an einige Land-Leute in Angeln, die den Klever-Bau nicht fortsetzen wollen oder können. In: Ebenda, S. 28.

19 Ebd.

20 (Philipp Ernst Lüders): Schreiben an die Gönner und Mitglieder der dänischen Acker-Academie […], Flensburg: »gedruckt mit Serringhausischen Schriften« 1762, S. 58. Böning/Siegert: Volksaufklärung 1, 1990, Nr. 0451.

21 Ebd.

22 Ebd.

23 Böning/Siegert: Volksaufklärung 1, 1990, Nr. 0486.

24 Ebd.

25 Der Schweizerischen Gesellschaft in Bern Sammlungen Von Landwirthschaftlichen Dingen. Th. [= Jg.] 1–2 (je St.1–4 in je 2 Bänden). Zürich: Heidegger und Compagnie 1760 und 1761. – Ab Jg.3 u.d.T.: Abhandlungen und Beobachtungen durch die ökonomische Gesellschaft zu Bern gesammelt. – Jg. 3–14, 12 Bde. Bern: »Im Verlage der ökonomischen Gesellschaft, und zu finden in der neuen Buchhand-

lung« 1762–1773, hier Jg. 1768, S. 185. Groß- und Kleinschreibung sic. Vgl. Böning/Siegert: Volksaufklärung 1, 1990, Nr. 0395.

26 Johann Friederich Mayer: Catechismus des Feldbaues worinnen in Fragen und Antworten die Acker und Wiesenbaukunst zum Besten des Landmanns faßlich und deutlich nach den Grundsätzen der Naturlehre und der Erfahrung vorgetragen ist von Johann Friedrich Mayer Fürstlich-Hohenlohischer Pfarrer bey der Gemeinde Kupferzell, der Kayserl. Königl. Gesellschaften nützlicher Künste in Steyer und Kärnthen, der Königl. Preußischen Gesellschaft der Wissenschaften zu Frankfurt an der Oder, und der Schweitzerischen Oekonomischen Gesellschaft in Bern Mitglied. Frankfurt a.M.: Andreä 1770, S. XVII. Nachdrucke Prag 1771, Wien 1771, Graz 1772; n.A. FFM 1785; Ausgabe f. Bayern 1785; Nachdruck Augsburg 1785. Böning/Siegert: Volksaufklärung 1, 1990, Nr. 0823. In der Zeitschrift: Das räsonirende Dorfkonvent, Jg. 1786, heißt es dazu in der unpag. Vorrede: »Ohne Diskurs helfen die schönsten, die lehrreichsten, die populärsten Schriften nichts, die für das Landvolk geschrieben werden. [...] Wenn die Volkslehrer nicht diesen Weg einschlagen*, so werden sie mit ihren Schriften wenig ausrichten.« *: »Einige gelehrte Männer haben es schon gethan. Mayers Feldkatechimus; Wichmanns Schafkatechismus etc. sind bekannt.« Siehe: Das räsonirende Dorfkonvent, eine gemeinnützige ökonomisch-moralisch-politische Schrift für den Bürger und Landmann. [Hrsg. von Johann Adam Christian Thon]. Teilneudruck der Ausgabe Erfurt: Georg Adam Keyser 1786–1788 mit einem Nachwort von Holger Böning. (Volksaufklärung. ausgewählte Schriften, 11), Stuttgart-Bad Cannstatt Frommann-Holzboog 2001.

27 Ebd.

28 Entsprechende Überlegungen finden sich in den 1740er und 1750er Jahren in der bedeutendsten Zeitschrift der gemeinnützig-ökonomischen Aufklärung: Leipziger Sammlungen von Wirthschafftlichen- Policey- Cammer- und Finantz-Sachen. (Hrsg. v. Georg Heinrich Zincke). 16 Bde., 1744–1767; 192 Stücke, 1742–1767. Leipzig: Carl Ludwig Jacobi 1742–1767. Die einzelnen Stücke erschienen unter dem Titel: Leipziger Sammlungen von Allerhand zum Land- und Stadt-, Wirthschafftlichen, Policey-

Finanz- und Cammer-Wesen dienlichen Nachrichten[...]. Detailliert zu der Zeitschrift Böning/Siegert: Volksaufklärung 1, 1990, Nr. 0123.

29 Gedanken von den Würkungen oeconomischer Schriften auf den Landmann, in: Erfurthisches Intelligenz-Blatt, Erfurt 1772, St. 49 u. 50; S. 408f. u. 429f. [Vorher in: Göttingische gemeinnützige Abhandlungen, 31. St. vom 31.10.1772, S. 241–245; unterzeichnet mit G.S.], hier S. 409. Böning/Siegert: Volksaufklärung 1, 1990, Nr. 0931

30 Ebd., 1772, S. 409.

31 Ebd., S. 429.

32 Ebd.,

33 Rudolf Schenda: Volk ohne Buch, 1970, S. 248.

34 Reinhart Siegert: Volksaufklärung und Kolportage. Ders.: Studien, Bd. 1, S. 267–284.

35 Ohnmaßgebliche Vorschläge und Anmerckungen (wie Anm. 3), S. 959.

36 Gedanken von den Würkungen ökonomischer Schriften auf den Landmann, 1772 (wie Anm. 30), S. 429.

37 Anton Friedrich Büsching: Beschreibung seiner Reise von Berlin über Potsdam nach Rekahn unweit Brandenburg, welche er vom dritten bis achten Junius 1775 gethan hat. Mit Landcharten und andern Kupferstichen. 2. stark verm. Ausg., Frankfurt und Leipzig [Messorte; Verlagsort: Berlin]: Haude und Spener 1780 [Erstausgabe Leipzig 1775], S. 12. Böning/Siegert: Volksaufklärung 1, Nr. 1133.

38 Ueber die Mittel, bessere Bücher in die Hände der niedrigern lesenden Menschenklasse zu bringen. In: Berlinische Monatsschrift, Bd. 6, 1785, S. 295–311, hier S. 295f. Böning/Siegert: Volksaufklärung 2.1, Nr. 02113. Zu Büsching S. 305.

39 Ebd., S. 305.

40 Ebd., S. 296–304, und S. 304.

41 Ebd., S. 308.

42 Ebd., S. 309.

43 Ebd., S. 309.

44 Ebd., S. 310.

45 Ebd., S. 311.

46 [Matthäus Reiter]: Gedanken über das allgemeinste Mittel, aufgeklärtes, praktisches Christenthum, und vernünftigen Gottesdienst unter dem Volke zu verbreiten, durch den Weg der Belehrung, zur Prüfung und Ausführung vorgelegt. o.O.: o.V. (1786). Böning/Siegert: Volksaufklärung 2.1, Nr. 02207.

47 Friedrich Eberhard von Rochow an Friedrich Nicolai, Brief, Reckahn, 30.4.1773. In: Fritz Jonas; Friedrich Wienecke (Hrsg.): Friedrich Eberhard von Rochows sämtliche pädagogische Schriften, 1907–1910, Bd. 4, S. 44–46, hier S. 45f.

48 Dazu detailliert Hanno Schmitt, Frank Tosch (Hrsg.): Vernunft fürs Volk, 2001, sowie Annegret Völpel: Der Literarisierungsprozeß der Volksaufklärung des späten 18. und frühen 19. Jahrhunderts, 1996. Zum Bauern- wie zum Kinderfreund Böning/Siegert: Volksaufklärung 1, Nr. 1041, 1227.

49 Geschichte des Dörfleins Traubenheim. Fürs Volk und für Volksfreunde geschrieben von Johann Ferdinand Schlez. Hälfte [= Bd.] 1–2. Nürnberg: Ernst Christoph Grattenauer 1791; 1792 [2. Aufl. ebd. 1794; 3. Aufl. 1817; kath. Bearb. München 1801]. Böning/Siegert: Volksaufklärung 2.2, Nr. 04085.

50 [Johann Ferdinand Schlez]: Des Jüngern Wilhelm Denker Haus-Calender für seine lieben Nachbarsleute. [Auf das Jahr/Jahrgang] 17.. (1792–1794)>. Nürnberg: Ernst Christoph Grattenauer [1791]–[1793]. Böning/Siegert: Volksaufklärung 2.2, Nr. 03457.

51 Johann Ferdinand Schlez: Gregorius Schlaghart und Lorenz Richard oder die Dorfschulen zu Langenhausen und Traubenheim. Ein Erbauungsbuch für Landschullehrer. T. 1–2 [= erste und letzte »Hälfte«], Nürnberg: Felßecker 1795 [2. Aufl. ebd. 1802; 3. Aufl. 1813; bearb. f. Bayern München 1803]. Böning/Siegert: Volksaufklärung 2.2, Nr. 04299.

52 Joh[ann] Ferdinand Schlez: Ankündigung einer Reihe von Flugschriften für das Volk, zur Verdrängung sittenloser und unvernünftiger Blätter, die von Hausirern verkauft werden. Nach dem Plan des englischen Cheap Repository for Moral and Religious Tracts. In: Der Reichsanzeiger, Jg. 1797, Bd. 1, Sp.814–816; dazu Sp. 816f. Zusatz des Verlegers; auch in Intelligenzblatt der Allgem. Literatur-Zeitung, Nr. 26, 25.2.1797, Sp. 217–220 [mit Zusatz des Verlegers]; auch abgedruckt als Vorwort zu Bdch.1 von »Fliegende Volksblätter«, hg. von J. F. Schlez, Bayreuth 1797, S. 3–9. Böning/Siegert: Volksaufklärung 2.2, Nr. 04707.

53 Johann Ferdinand Schlez (Hrsg.): Fliegende Volksblätter, zur Verdrängung schädlicher, oder doch geschmackloser Volkslesereyen.

[Bdch. 2:] Angefangen von Johann Ferdinand Schlez, Pf. zu Ippesheim und fortgesezt von mehreren Volks-Schriftstellern (darunter Georg Christian Samuel Schmidt). Bd. 1–3 nebst einem Anhang; auch in Form von Einzelheften [ohne den volksaufklärerischen Sammeltitel] zu haben. Bayreuth: Lübeck 1797, 1800, 1805 [die einzelnen Flugschriften tragen ein eigenes Druckdatum; in Bdch. 1 alle 1797, in Bdch. 2 die 11. 1797, die 12.-13. 1798, die 14.ff. sind o.J.]. Siehe dazu Böning/Siegert: Volksaufklärung 2.2, Nr. 04752.

54 [Johann Ferdinand Schlez (Hrsg.)]: Der Volksfreund. Eine Monatsschrift, deren Aufsätze auch einzeln, als Flugschriften zu haben sind. Mit vielen Bildern. Jg. 1798–1799 = Bd. 1–4; Jg. 1798 (Bd. 1–2) zu 12, Jg. 1799 (Bd. 3–4) zu 6 Heften; Vgl. Böning/Siegert: Volksaufklärung 2.2, Nr. 04992.

55 [Johann Ferdinand Schlez Hrsg.]: Der Erzähler. Eine Volksschrift. Nürnberg: »im Felßeckerschen Verlage, und in den meisten andern Buchhandlungen Deutschlands« 1800. Böning/Siegert: Volksaufklärung 2.2, Nr. 05267.

56 [Johann Ferdinand Schlez Hrsg.]: Der Erzähler. Eine Volksschrift. Nürnberg: »im Felßeckerschen Verlage, und in den meisten andern Buchhandlungen Deutschlands« 1800, Vorrede.

57 [Rudolph Zacharias Becker]: Noth- und Hülfsbüchlein. Seitengleicher Antiqua-Neudruck der zweibändigen Erstausgabe von 1788/1798. Mit Texten zur Vorbereitung und Programmatik. Herausgegeben und kommentiert von Holger Böning und Reinhart Siegert. Band 1: Noth- und Hülfs-Büchlein für Bauersleute oder lehrreiche Freuden- und Trauer-Geschichte des Dorfs Mildheim. [Erster Theil.] Gotha, bey dem Herausgeber der Deutschen Zeitung, und Leipzig, bey Georg Joachim Göschen 1788; Band 2: Noth- und Hülfs-Büchlein für Bauersleute oder lehrreiche Freuden- und Trauer-Geschichte der Einwohner zu Mildheim. Anderer Theil. Gotha, in der Beckerischen Buchhandlung 1798. (Volksaufklärung, Ausgewählte Schriften, 9.1 und 9.2), Bremen: edition lumière 2017.

58 Alle Angaben ebenda, Bd. 2, Nachwort von Reinhart Siegert, S. 472f.

59 Rudolph Zacharias Becker: Ankündigung des zweyten Theils des Noth- und Hülfs-Büchleins und eines damit verbundenen Volks-Lie-

der-Buches [...], in: Reichsanzeiger, Jg. 1798, Bd. I, Spalte 645–666, hier Spalte 649–651.

60 Vgl. dazu detailliert Reinhart Siegert: Aufklärung und Volkslektüre, 1978.

61 Heinrich Gottlieb Zerrenner: Volksbuch[.] Ein faßlicher Unterricht in nüzlichen Erkenntnissen und Sachen mittelst einer zusammenhängenden Erzählung für Landleute um sie verständig, gut, wohlhabend, zufriedner und für die Gesellschaft brauchbarer zu machen. Th.1–2, Magdeburg: Scheidhauer 1787 Weitere Ausgabe und Nachdrucke vgl. . Böning/Siegert: Volksaufklärung 2.1, Nr. 02508.

62 Georg Friedrich Seiler,: Allgemeines Lesebuch für den Bürger und Landmann vornehmlich zum Gebrauch in Stadt- und Landschulen. Erlangen: Bibelanstalt 1790 u.ö. Ein Teil der Ausgaben ist unter Seilers Namen, ein Teil anonym erschienen. Vgl. die Auflagen bis 1830 bei Böning/Siegert: Volksaufklärung 2.1, Nr. 03075.

63 Diese Achtung wird durch entsprechendes Äußeres gefordert bei: Johann Heinrich Helmuth: Volksnaturgeschichte. Ein Lesebuch für die Freunde der [ab Bd.2: seiner] Volksnaturlehre. Bd. 1–9, Leipzig: Gerhard Fleischer d.J. 1797–1808, hier Bd. 1, S. XI. Vgl. Böning/Siegert: Volksaufklärung 2.2, Nr. 04643.

64 Der Rathgeber für alle Stände in Angelegenheiten, welche die Gesundheit, den Vermögens- und Erwerbsstand, und den Lebensgenuß betreffen. Herausgegeben von D[oktor] Daniel Collenbusch. Jg.1–4; pro Jg. 12 Stücke, Gotha: Becker 1799–1803, Vorrede zu Jg. 1. Böning/Siegert: Volksaufklärung 2.2, Nr. 05149.

65 Die Geschichte der Kalenderliteratur stellt ein breites, in den vergangenen Jahrzehnten zunehmend erforschtes Feld der Buch- und Druckgeschichte dar. Dazu mit der Forschungsliteratur Klaus-Dieter Herbst (Hrsg.): Astronomie, Literatur, Volksaufklärung. Der Schreibkalender der Frühen Neuzeit, 2012, sowie Ders. und Werner Greiling (Hrsg.): Schreibkalender und ihre Autoren, 2018.

66 Weißenfels: Friedrich Severin 1792. Vgl. Böning/Siegert: Volksaufklärung 2.2, Nr. 03478.

67 Ebenda, S. 3f.

68 Wahrheit und Dichtung, Weißenfels 1791, Litterarische Beylage, Nr. 16.

69 Vgl. Böning/Siegert: Volksaufklärung 2.1, Nr.02813.

70 Vgl. ebd. 2.2, Nr. 0784.

71 [Rudolph Zacharias Becker]: Noth- und Hülfs-Büchlein für Bauersleute, Bd. 1, S. 161–165.

72 Zur Wirkung in einem Teil Europas vgl. Heinz Ischreyt: Zu den Wirkungen von Tissots Schrift, 1976.

73 Vgl. Böning/Siegert: Volksaufklärung 1, 1990, Nr. 0462 und 0672.

74 Dazu Marcus Sonntag: Pockenimpfung und Aufklärung, 2014.

75 Sogleich mit dem Beginn des Buchdruckes nahm das neue Medium sich mit Kalendern und Einblattdrucken medizinischer Themen an, unterrichtet im »Aderlaß- und Laxierkalender« von 1456 über den richtigen Zeitpunkt nicht nur zum Aderlassen und Abführen, sondern auch zum Entwöhnen der Kleinkinder von der Muttermilch oder zum Nagelschneiden. Vgl. dazu detailliert Ludwig Rohner: Kalendergeschichte und Kalender, 1978, S. 23f.

76 Zürich: J. K. Ziegler 1768.

77 [Bernhard Christoph Faust]: Entwurf zu einem Gesundheits-Katechismus, der, mit dem Religions-Katechismus verbunden, für die Kirchen und Schulen der Grafschaft Schaumburg-Lippe ist entworfen worden. Bückeburg: »Bey Joh. Fr. Althans, Hofbuchdrucker« 1792. Zwei verschiedene vermehrte Auflagen ebenfalls Bückeburg 1792; verb. Aufl. Bückeburg 1793; neue Aufl. Frankfurt: Fleischer 1793; neue Auf. Frankfurt und Leipzig: o.V. 1793; neue Aufl. Hannover 1793; neue Aufl. Bückeburg 1794. Ab 1794 erschien dann Bernhard Christoph Faust: Gesundheits-Katechismus zum Gebrauche in den Schulen und beym häuslichen Unterrichte. Bückeburg: »Bey Johann Friedrich _Althans. Hofbuchdrucker.« 1794. Drei weitere Aufl. im selben Jahr in Bückeburg, Gera und Leipzig; zur außerordentlichen Auflagenfolge, zu Seitenstücken und Übersetzungen siehe Böning/Siegert: Volksaufklärung, Bd. 2.2. Nr. 03422 und 03954.

78 Dazu Böning, Holger: Medizinische Volksaufklärung und Öffentlichkeit, 1990. Siehe auch Irene und Heinz Ischreyt, Heinz: Der Arzt als Lehrer, 1990, sowie Cornelia Bogen: Der aufgeklärte Patient, 2013.

79 Osterhausen, Johann Karl: Ueber medicinische Aufklärung. Erster Band [mehr nicht erschie-

nen] Zürich: Heinrich Geßner 1798, S. 8f.
Böning/ Siegert: Volksaufklärung, Bd. 2.2.
Nr. 04922.

80 AdB 103, 1791, S.473–476.

81 Beispielhaft Rudolph Zacharias Becker: Mild-
heimisches Lieder-Buch von 518 lustigen und
ernsthaften Gesängen über alle Dinge in der
Welt und alle Umstände des menschlichen
Lebens, die man besingen kann. Gesammelt für
Freunde erlaubter Fröhlichkeit und ächter Tu-
gend, die den Kopf nicht hängt, von Rudolph
Zacharias Becker. Zeilengleicher Antiqua-Neu-
druck der volksaufklärerischen Urfassung Go-
tha 1799 mit kritischem Apparat, Nachweis der
Dichter und Komponisten und Nachwort von
Reinhart Siegert. (Philanthropismus und popu-
läre Aufklärung – Studien und Dokumente, 13;
Volksaufklärung. Ausgewählte Schriften, 10),
Bremen: edition lumière 2018.

Weiterführende Literatur

Bauer, Volker / Böning, Holger (Hrsg.): Die Entstehung des Zeitungswesens im 17. Jahrhundert: Ein neues Medium und seine Folgen für
das Kommunikationssystem der Frühen Neuzeit. (Presse und Geschichte, Neue Beiträge,
54) Bremen: edition lumière 2011.

Bellingradt, Daniel: Flugpublizistik und Öffentlichkeit um 1700. Dynamiken, Akteure und
Strukturen im urbanen Raum des Alten Reiches. Stuttgart: Steiner 2011.

Böning, Holger (Hrsg.): Deutsche Presse. Bio-
bibliographische Handbücher zur Geschichte
der deutschsprachigen periodischen Presse von
den Anfängen bis 1815. Kommentierte Bibliographie der Zeitungen, Zeitschriften, Intelligenzblätter, Kalender und Almanache sowie
biographische Hinweise zu Herausgebern, Verlegern und Druckern periodischer Schriften.
Bde. 1.1, 1.2, 1.3: Holger Böning, Emmy Moepps
(Bearb.): Hamburg; Bd 2: Holger Böning,
Emmy Moepps (Bearb.): Altona, Bergedorf,
Harburg, Schiffbek, Wandsbek; Bde. 3.1 und
3.2: Britta Berg, Peter Albrecht (Bearb.): Regio-
nen Braunschweig / Wolfenbüttel – Hildes-
heim – Goslar – Blankenburg – Braunschweig
– Clausthal – Goslar – Helmstedt – Hildes-
heim – Holzminden – Schöningen – Wolfenbüttel. Stuttgart Bad Cannstatt: Frommann
Holzboog 1996, 1996, 1996, 1997, 2003, 2003.

Böning, Holger: Volksaufklärung und Kalender.
Zu den Anfängen der Diskussion über die
Nutzung traditioneller Volkslesestoffe zur Auf-
klärung und zu ersten praktischen Versuchen
bis 1800. In: Klaus-Dieter Herbst (Hrsg.):
Astronomie, Literatur, Volksaufklärung, 2012,
S. 183–200.

Herbst, Klaus-Dieter (Hrsg.): Astronomie, Literatur, Volksaufklärung. Der Schreibkalender der
Frühen Neuzeit mit seinen Text- und Bildbei-
gaben. (Presse und Geschichte, Neue Beiträge,
67; Acta calendariographica: Forschungs-
berichte, 5), Bremen: edition lumière/ Jena:
HKD 2012.

Herbst, Klaus-Dieter; Greiling, Werner (Hrsg.):
Schreibkalender und ihre Autoren in Mittel-,
Ost- und Ostmitteleuropa (1540–1850).
(Presse und Geschichte, Neue Beiträge, 124),
Bremen: edition lumière 2018.

Ischreyt, Heinz: Zu den Wirkungen von Tissots
Schrift »Avis au peuple sur sa sante« in Nord-
osteuropa. In. Wissenschaftspolitik in Mittel
und Osteuropa. Hrsg. E. Amburger, M. Ciesla,
L. Sziklay. (Studien zur Geschichte der Kultur-
beziehungen in Mittel- und Osteuropa, 3), Berlin 1976.

Jonas, Fritz; Wienecke, Friedrich (Hrsg.): Friedrich Eberhard von Rochows sämtliche pädagogische Schriften. Bd. 1–4, Berlin 1907–1910.

Körber, Esther-Beate: Messrelationen. Geschichte
der deutsch- und lateinisch-sprachigen »mess-
entlichen« Periodika von 1588 bis 1805. (Presse
und Geschichte, Neue Beiträge, 92) Bremen:
edition lumière 2016.

Rohner, Ludwig: Kalendergeschichte und Kalender. Wiesbaden: Akademische Verlagsgesell-
schaft Athenaion 1978.

Schenda, Rudolf: Volk ohne Buch. Studien zur
Sozialgeschichte der populären Lesestoffe
1770–1910. Frankfurt am Main: Klostermann
1970 (auch: München: dtv 1977).

Schmitt, Hanno; Tosch, Frank (Hrsg.): Vernunft
fürs Volk. Friedrich Eberhard von Rochow
1734–1805 im Aufbruch Preußens. [Katalog
zur Ausstellung in Reckahn, Sommer 2001]
o.O. [Berlin]: Henschel 2001.

Siegert, Reinhart: Aufklärung und Volkslektüre.

Exemplarisch dargestellt an Rudolph Zacharias Becker und seinem »Noth- und Hülfsbüchlein«. Mit einer Bibliographie zum Gesamtthema. In: AGB, Bd. 19, 1978. Auch als Sonderdruck Frankfurt am Main: Buchhändlervereinigung 1978; durchgesehener, überarbeiteter und erweiterter Neudruck Bremen: edition lumière 2022.

Siegert, Reinhart: Studien zum Zeitalter der Aufklärung im deutschsprachigen Raum 1750–1850. Bd. I: Gesammelte Studien zur Volksaufklärung. Bd. II: Gesammelte Studien zum Literarischen Leben der Goethezeit, zur Sozialgeschichte der Literatur, zu den Konfessionskulturen, zur Alphabetisierung und zur Nationalbibliographie der deutschsprachigen Länder. (Presse und Geschichte – Neue Beiträge, 142 u. 143; Philanthropismus und populäre Aufklärung – Studien und Dokumente, 19 u. 20), Bremen: edition lumière 2021.

Sonntag, Marcus: Pockenimpfung und Aufklärung. Die Popularisierung der Inokulation und Vakzination. Impfkampagne im 18. und frühen 19. Jahrhundert. (Presse und Geschichte – Neue Beiträge, 79; Philanthropismus und populäre Aufklärung – Studien und Dokumente, 8), Bremen: edition lumière 2014.

Völpel, Annegret: Der Literarisierungsprozeß der Volksaufklärung des späten 18. und frühen 19.Jhs. Dargestellt anhand der Volksschriften von Schlosser, Rochow, Becker, Salzmann und Hebel. Mit einer aktualisierten Bibliographie der Volksaufklärungsschriften. Frankfurt a.M. u.a.: Peter Lang 1996.

Weber, Friedrich Benedict: Handbuch der ökonomischen Literatur; oder Systematische Anleitung zur Kenntniß der deutschen ökonomischen Schriften, die sowohl die gesammte Land- und Hauswirthschaft, als die mit derselben verbundenen Hülfs- und Nebenwissenschaften angehen; mit Angabe ihres Ladenpreises und Bemerkung ihres Werthes. Th.1–7, Berlin: Heinrich Fröhlich [nach Th. 1 wechselnde Verlagsorte und Verlage] 1803–1842.

Gerhard Lauer

Der Literaturbetrieb –
wenn alles anders wird

DAS GLOBALE BUCHGESCHÄFT erlebt die beste Zeit seit seinem Bestehen, also seit mehr als 500 Jahren«,[1] konstatiert 2017 auf der Frankfurter Buchmesse Markus Dohle, der Chef des größten Publikumsverlagskonzerns der Welt, Penguin Random House. Dohles Einschätzung steht in einem markanten Gegensatz zu der geläufigen Einschätzung eines allgemeinen Niedergangs von Buch und Lesen. Gefühlt lesen immer weniger Menschen Bücher und besonders die Jugend interessiere sich nur noch für YouTube, so sagt man. Inzwischen widmet sich ein eigenes Sachbuchgenre der Warnung vor exzessivem Computer spielen, YouTube und sozialen Medien. Sozialwissenschaftliche Behauptungen über eine selbstverliebte und zugleich gefährdete junge Generation gewinnen viel öffentliche Aufmerksamkeit, während Nachrichten vom guten Absatz der Bücher selbst unter den Bedingungen der Covid-19-Pandemie nur wenig Beachtung finden. Doch sind die Zahlen der Buchbranche eindrücklich. Nach Angaben des Statistischen Bundesamtes und des Börsenvereins des Deutschen Buchhandels hat die Branche schon 2020 die Zahl der Buchkäufer leicht steigern können auf etwas mehr als 28 Millionen Käuferinnen und Käufer. Dass Bahnhofsbuchhandlungen im ersten und zweiten Corona-Jahr deutlich Umsatzeinbrüche hinnehmen mussten, wird niemanden verwundern. Dafür stieg der online-Handel an, auch Antiquariate konnten ihre Umsätze halten. Reiseführer, die gegenüber Kochbüchern 2021 das Nachsehen hatten, werden 2022 wieder verstärkt gekauft. So unterschiedliche Verlagsgruppen wie Klett, Penguin Random House, Springer oder Westermann konnten ihre Umsätze in den letzten Jahrzehnten konstant und zum Teil sogar erheblich steigern. Auch die Covid-19-Pandemie hat daran nichts geändert. Das Umsatzniveau der Buchbranche als Ganzes liegt seit vielen Jahren mit kleinen Schwankungen konstant über 9 Milliarden

Euro pro Jahr und ist im Corona-Jahr 2021 noch einmal um 3.5% angestiegen. Auch die Umsätze der Buchbranche in Europa haben sich in den letzten zehn Jahren nicht maßgeblich verändert und liegen deutlich über 20 Milliarden Umsatz im Jahr. Das sind gute Zahlen.

Die Zahlen sind auch ermutigend, wenn man sich verschiedene Leseweisen im Umgang mit Büchern näher anschaut: So gewinnen Hörbücher eine immer größere Zuhörerschaft und spielen für den Buchmarkt eine entsprechend wachsende Rolle. Auch E-Books werden von immer mehr Menschen gelesen. In Deutschland sind es inzwischen mehr als 10 Millionen Leserinnen und Leser, die regelmäßig auf einem Kindle oder Tolino-Gerät Bücher lesen. Lizenzabschlüsse mit ausländischen Verlagen, die durch Übersetzungen den deutschen Buchmarkt bereichern, sind in den letzten zwei Jahrzehnten deutlich angestiegen. Sie liegen bei mehr als 7.500 Abschlüssen im Jahr 2020. Besonders deutlich wächst der Anteil der Kinder- und Jugendbücher am Gesamtmarkt der verkauften Bücher. Er liegt inzwischen über einem Drittel des Publikumsmarkts. Nirgends gibt es einen größeren Anstieg der Neuerscheinungen als eben in diesem Markt für Kinder- und Jugendbücher.

Die Gesamttitelproduktion der Verlage hat sich im letzten Jahrzehnt auf etwa 200 Neuerscheinungen am Tag stabilisiert, ohne die Fachliteratur dazu zu zählen, die wegen des expandierenden wissenschaftlichen Publikationswesen stetig wächst, so dass wir von mehr als 80.000 Neuerscheinungen pro Jahr ausgehen dürfen, darunter mehr als 60.000 Erstauflagen.

Mit diesen guten Zahlen im Hintergrund spricht der Börsenverein des Deutschen Buchhandels zu Recht von einem stabilen Gesamtmarkt, wenn auch mit großen Unterschieden zwischen verschiedenen Verlags- und Buchhandelsbereichen. Sogar unter den jungen Leserinnen und Lesern wächst die Zahl der Buchkäufer. Kurz, die Nachfrage nach Büchern in vielerlei Gestalt ist groß und das Geschäft des drittgrößten Buchmarkts der Welt geht gut. Markus Dohle hat Recht.

Gekaufte Bücher sind keine gelesenen, das war immer schon so. Von bloßen Verkaufszahlen auf die Zahl der tatsächlich gelesenen Bücher zu schließen, wäre naiv. Umfragen und Nutzungszahlen aus E-Readern geben eine Annäherung an das tatsächliche Lesen. Der amerikanische Mathematiker Jordan Ellenberg hat sich im Anschluss an den Welterfolg von Stephen Hawkings Buch zur Kosmologie der Schwarzen Löcher »Eine kurze Geschichte der Zeit« die Zahlen der tatsächlich auf E-Readern gelesen Bücher näher angesehen: Während gerade Hawkings Sachbuch nur peripher gelesen wird, werden dagegen die Romane der Schriftstellerin Donna Tartt von Buchdeckel zu Buchdeckel gelesen. Doch schon eine ebenfalls millionenfach verkaufte Erotik-Schmonzette wie *Fifty Shades of Grey* wird auch nur von einem Teil der Leserinnen und Leser bis zum Ende gelesen. Ein anderes Genre unter den Weltbestsellern wie Thomas Pikettys Wirtschaftssachbuch *Das Kapital im 21. Jahrhundert* wurde ebenfalls nur selten über die Seite 26 hinaus gelesen.

Das alles ist nicht neu. Bücher wurden schon immer verkauft und sind deshalb nicht immer gelesen geworden. Dafür werden viele Bücher wiederholt gelesen. Manche Genres und einige Autorinnen und Autoren haben ihre leidenschaftlichen Leserinnen und Leser, andere weniger. Stabil über Jahrzehnte hinweg sind auch die Zahlen derjenigen, die viel oder wenig lesen. Gut ein Drittel der Bevölkerung liest viel und konstant, aber eine schwer abzuschätzende Zahl, vermutlich 15 Prozent der Menschen hierzulande, liest gar nicht. Das sind eindeutig zu viele, gemessen am Anspruch einer demokratischen Gesellschaft, dass alle an ihr gleichermaßen teilnehmen können. Doch einen grundlegenden Wandel im Leseverhalten, den etwa Computer und Internet verursacht haben sollen, lässt sich nicht feststellen, wohl aber die Fortschreibung bisheriger Muster, wer liest und wer nicht liest.

Bücher finden also unverändert ihre Käufer, ihre Leserinnen und Leser und Verlage sind keine Branche in Not, im Gegenteil. Die Oligopolbildungen im Buchhandel und im Verlagsbereich haben nicht zufällig dramatische Ausmaße angenommen, eben weil viel Geld in der Branche zu verdienen ist. Wenige Konzernverlage wie Penguin Random House im Publikumsbereich oder Springer im Bereich der Fachverlage bestimmen das Geschäft. Der Buchhandel in Deutschland wird inzwischen von zwei Buchhandelsketten, Thalia und Hugendubel, so sehr dominiert, dass das Kartellamt schon über weitere Zusammenschlüsse entscheiden musste. Die Kostenvorteile für die Unternehmen, die aus ihrer bloßen Größe entstehen, bestimmen auch den Buchhandel im digitalen Zeitalter. Wir benutzen zwar noch die aus der Buchhandelsgeschichte kommenden Worte wie »Verlag« und »Buchhandlung«, aber Begriffe aus der modernen Wirtschaft wie »Konzern« und »Holding« beschreiben die ökonomische Wirklichkeit der Bücher im 21. Jahrhundert schon längst genauer.

Die Kostenvorteile, die sich aus der Verdichtung zu immer größeren Verlagskonzernen ergeben, finden wir auch im Markt für Buchwiederverkäufe.

Hier sind durch die Digitalisierung der Branche innerhalb weniger Jahre große Unternehmen entstanden, die wörtlich aus einer Garage zu internationalen Konzernen gewachsen sind. Ihr Geschäftsmodell ist einfach, nämlich gebrauchte Bücher über das Netz zu kaufen und zu verkaufen. Der Recommerce-Händler Momox ist ein eindrückliches Beispiel für dieses Wachstum aus einem Hinterhof zu einem internationalen Wiederverkäufer. Dass Amazon gezielt moderne Buchantiquariate wie ZVAB und AbeBooks aufgekauft hat, illustriert noch einmal die veränderten Marktbedingungen und ihre Verdichtung zu immer größeren Unternehmen. Inzwischen wechseln auf den Wiederverkaufsplattformen Bücher in so hoher Zahl ihren Besitzer, dass zu fragen ist, ob die Zahlen des Börsenvereins über den Buchverkauf oder auch die Bestsellerliste noch etwas über den tatsächlichen Handel mit Büchern aussagen, noch über das Leseverhalten. Gerade die gebraucht gekauften Titel dürften tatsächlich gelesen werden. Zudem liegen auch die Bibliotheken gerade deshalb mit den Verlagen über die E-Book-Ausleihe von Bestsellern im Konflikt, weil das Interesse an der Ausleihe aktueller Titel so groß ist, dass die Verlage dieses Geschäft nur ungern durch Bibliotheksausleihen schwächen wollen. Bücher sind ein lohnendes Wirtschaftsgut, weil sie so viele Leserinnen und Leser finden. Das Buch hat nicht nur eine lange Geschichte, es hat vor allem seine Zukunft vor sich.

I.

Schon diese trockenen Wirtschaftsdaten zeigen, warum Penguin Random House-Chef Markus Dohle mit guten Gründen von der besten Zeit für den Buchhandel spricht. Er hat alle Gründe auf seiner Seite. Doch das Lesen von Büchern ist in digitalen Gesellschaften mehr denn je der Konkurrenz um Aufmerksamkeit ausgesetzt. Hier konkurriert das Buch mit anderen Medien, nicht nur mit dem Fernsehen und Streaming-Diensten, sondern auch mit YouTube und sozialen Medien, wie Instagram oder TikTok. Neue technische Entwicklung und innovative Geschäftsmodelle kommen hinzu, warum uns bei näherem Hinsehen die Welt der Bücher nicht nur ökonomisch immer weniger vertraut erscheint.

Beginnen wir mit den Lesern und Leserinnen. Ihr Hunger nach Geschichten ist prinzipiell kein anderer als der früherer Generationen und die Geschichten, die Aufmerksamkeit auf sich ziehen, sind vielfach die alten. Bücher werden nicht kürzer, eher länger wie z.B. die Bücher, die der renommierte Booker

Prize in den letzten Jahren ausgezeichnet hat. Ihr Seitenumfang ist in den letzten Jahrzehnten gewachsen. George R.R. Martins Bestseller *A Song of Ice and Fire* umfasst in der deutschen Taschenbuch-Ausgabe schon jetzt zehn Bände, nicht gerechnet die fünf Romane, die vor der Haupthandlung spielen und ohne die noch angekündigten Bände hinzuzurechnen. Die Verkaufszahlen, Lizenzverkäufe und mehr noch die Fankultur um diese Romanwelt geben einen Eindruck davon, wie alte Geschichten in neuen Fassungen ein Milliarden-Publikum erreichen. Sehr lange Romane werden gelesen, gerade auch wenn sie als Serien vermarktet werden. Die *Geralt-Saga* des polnischen Fantasy-Autors Andrzey Sapkowski umfasst bei dtv fünf Bände mit jeweils 400 bis 700 Seiten und die Bänder werden regelmäßig in den Spiegel-Bestsellerlisten ganz oben aufgeführt. Ein ganz anderes Erzählen, eine andere Lyrik, ein anderes Theater des 21. Jahrhunderts lässt sich dennoch nicht beobachten. Man orientiert sich an etablierten Erzählweisen, Stoffen und Figuren und adaptiert die ein oder anderen aktuellen Motive und Themen. Die digitale Gesellschaft hat keine eigene Literatur, die ganze andere Geschichten erzählen würde, zumindest bislang.

Studien zum Lesen gibt es nur wenige, so dass nur näherungsweise über die Daten des Buchmarkts hinaus abgeschätzt werden kann, wie sich das Lesen im 21. Jahrhundert entwickelt hat. Doch die wenigen dieser Berichte sind aufschlussreich. »Reading on the Rise« war schon 2009 der Bericht zum Stand des Lesens in den USA durch die National Endowments for the Arts überschrieben, weil nach Jahrzehnten des Niedergangs gerade in dem Moment Lesen wieder an Bedeutung gewonnen hat, als Internet und Smartphones die natürliche Umwelt praktisch aller geworden sind. Gattungen wie die Lyrik, lange eher ein Stiefkind des Literaturbetriebs, erreichen wieder ein breites Publikum wie im 19. Jahrhundert einmal die Lyrik-Vereine. Gedichte werden leidenschaftlich gelesen, vielfach geschrieben, repostet und auf den Smartphones enthusiastisch geteilt.

Das amerikanische Meinungsforschungsinstitut Pew Research Center kommt 2018 zu dem Schluss, dass besonders junge Menschen zwischen 18 und 29 Jahren intensiv mit Büchern leben, das können gedruckte Bücher sein, können Hörbücher oder E-Books sein. Gerade die jungen Leserinnen und Leser nutzen alle Formate und Formen intensiver als andere Altersgruppen, also auch das gedruckte Buch. Die Zeitschrift »The Economist« hat die Ergebnisse des Meinungsforschungsinstituts dazu verwendet, den Vorwurf des amerikanischen Autors Bret Easton Ellis, die junge Generation habe kein Interesse mehr an der Literatur, in sein Gegenteil zu verkehren. Nicht die junge Generation lese nicht mehr, sondern die Älteren lesen weniger. Das zumindest legen die Daten gleich einer Reihe von amerikanischen Befragungen wie etwa durch das *National Endowment for the Arts* nahe. Auch wenn solche Umfragen nur bedingt belastbar sind, so konstatieren auch die Lesestudien hierzulande nicht nur einen steilen Anstieg der Nutzung sozialer Medien, sondern auch, dass sich an den Lesemustern wenig verändert hat, den fünfzehn bis zwanzig Prozent, die so gut wie nie lesen, dem großen Mittelfeld der regelmäßigen, aber nicht intensiven Lesern und den etwa zehn bis fünfzehn Prozent der intensiven Leser. Keinen Beleg gibt es für die These, dass in der digitalen Gesellschaft weniger als in der Fernsehgesellschaft gelesen würde. Die Ergebnisse der Befragung decken sich im Übrigen auch mit den Zahlen zum Anstieg der Museumsbesuche oder zu der Vervielfachung von Konzertfestivals mit klassischer Musik in den letzten Jahrzehnten. Kultur spielt eine wachsende Rolle für fast alle Gesellschaftsschichten, auch für Gruppen, die erst jüngst eingewandert sind. Von einem Ende der Kultur, auch der Lesekultur kann keine Rede sein.

II.

Das wird erst recht deutlich, wenn man sich so unterschiedliche Autoren ansieht wie die kanadische Lyrikerin Rupi Kaur oder den amerikanischen Jugendbuchautor John Green. Rupi Kaur ist der Star der Instapoetry, also der Poesie, die millionenfach auf Instagram oder Twitter geteilt wird. Kaurs Lesungen sind Spektakel mit Tausenden von zumeist jungen Zuhörerinnen. Ihre Bücher sind bereits in mehr als 20 Sprachen übersetzt worden. Eine zweisprachige Ausgabe liegt auch für den deutschen Markt vor. Bestsellerlisten wie die der »New York Times« führt sie mit ihrer Lyrik an. Dass ihre Gedichte über Liebe und Beziehungskrisen, über Erfahrungen der Herabsetzung als junge dunkelhäutige Frau genauso auf den Smartphones ihrer Leserinnen gepostet, wie als Bücher gedruckt werden, unterstreicht nur, wie selbstverständlich es längst ist, dass literarische Texte viele Formate annehmen können und ihre Gedichte in Modezeitschriften ebenso abgedruckt werden wie im »Jetzt«-Magazin der »Süddeutschen«. Gedichte wie die von Rupi Kaur kennen die Hierarchien des herkömmlichen Literaturbetriebs nicht mehr. Sie erreichen ihr Publikum auf praktisch allen Kanälen. Man spricht von der »Allmende des Internets«, der eigentümlichen Vergemeinschaftung etwa über Gedichte, die in diesem Umfang erst das Internet ermöglicht. Das Internet bringt die Leser und Leserinnen zusammen.

Das gilt auch für den Jugendbuchautor John Green, dessen Bücher zu Recht die angesehenen Literaturpreise auch in Deutschland wie den Deutschen Jugendliteraturpreis verliehen wurden, so anspielungsreich schreibt er, so anspruchsvoll erzählt und so klug versteht er es, komplexe Themen zu einer Geschichte zu formen. Dass seine Bücher wie »Margos Spuren« auch verfilmt worden sind, braucht man kaum hinzuzufügen, so selbstverständlich ist die Integration in eine Medienumwelt, die weit über das herkömmliche Buch hinausreicht. Natürlich ist Medienkonvergenz kein neues Phänomen, denn schon die ersten Stummfilm-Helden wie Harry Piel kamen aus den zeitgenössischen Heftromanen. Aber John Green ist ein globaler Superstar vor allem deshalb, weil er mehr als nur ein Autor im geläufigen Sinne ist. Zusammen mit seinem Bruder Hank Green betreibt er einen Videoblog, der solche Themen erklärt wie die Ursachen des Kriegs in Syrien oder warum es gut ist, nach den Ferien wieder zur Schule zu gehen, – in den USA ein großes Problem. Mehr als anderthalb Millionen junge Menschen folgen den Brüdern und bezeichnen sich als »Nerdfighter«, die mal Geld für gute Zwecke sammeln oder Musikbands unterstützen und sonst praktische Aufklärung betreiben. Erst die Digitalisierung vergemeinschaftet auch hier die jungen Köpfe, die sich über Bücher, über Musik und was man sonst noch Gutes tun kann, zusammengeschlossen haben. Bücher vergesellschaften gerade auch junge Menschen in der digitalen Gesellschaft.

Literatur meint für diese so selbstverständlich digitale Generationen so viel mehr als Literatur des Druckzeitalters. Man liest eine mittelalterliche Handschrift, die dank moderner Technologie auf dem Rechner wieder zu dem Manuskript zusammengesetzt wurde, die sie vor mehr als tausend Jahren einmal war, auch wenn die einzelnen Manuskriptseiten über die Archive der Welt verstreut sind. Seltene Dokumente der Weltkulturerbes, wie der älteste, heute noch erhaltende Druck der Weltgeschichte, die Diamant-Sutra aus dem Bestand der British Library, ist nur noch einen Klick entfernt. Im Netz lässt sich dieser Druck einer kanonischen Predigt des Buddha im Detail studieren. Die Zugriffszahlen für solche und ähnliche Bestände der Museen, Archive und Bibliotheken wie der British Library belegen, dass das Interesse an Kultur in ihrer Vielfalt groß ist, gleich ob es um einen mehr als tausend

Jahre alten Holzdruck wie die Diamant-Sutra der British Library geht oder eine digitale Ausgabe der Werke des französischen Romanciers Gustave Flauberts oder der amerikanischen Dichterin Emily Dickinsons.

Die Romane Jane Austens werden nicht nur regelmäßig verfilmt, sie werden auch von Laien auf Twitter oder YouTube neu in Szene gesetzt, so als würden sich die Hauptfiguren Lizzy Bennet und Mr. Darcy gerade erst gestern kennengelernt haben. Andere begeisterte Leserinnen und Leser posten auf Instagram Bilder der Bücher, die sie aktuell lesen, inszenieren ihre Bücherregale als kleine Kunstwerke oder fotografieren ihre Gesichter in Verbindung mit Buchcovern zu sogenannten Bookfaces. Bookstagram, Booktok, BookFaces oder auch BookTuber, dieses in Szene setzen des Redens über Bücher auf den sozialen Medien, ist in kurzer Zeit zu einem Phänomen geworden, das längst auch Verlage gezielt für ihre Marketingstrategien nutzen. Die dabei genutzten Ausdrucksweisen sind vielfältig. Mal sind sie provokativ angelegt, mal parodierend, kommen gelehrt daher oder vermitteln nur eine Wohlfühlatmosphäre vom guten Buch und einer heißen Tasse Tee. Auf den sozialen Medien wie YouTube, TikTok oder Instagram wird das Lesen von Büchern kultiviert und dabei eng mit dem eigenen Erleben und eigenen Interessen verknüpft. Die Botschaft ist deutlich: Literatur zählt im wörtlichen wie im übertragenen Sinn für das eigene Leben. Das sagen diese Bilder, Texte und Filme im Netz, darüber wird sich intensiv ausgetauscht. Bücher vergemeinschaften. Das tun sie schon seit der empfindsamen Lesekultur des 18. Jahrhunderts, als man die Kleidung von Goethes Werther selbst anzog, um seine Nähe zu dieser Romanfigur zu betonen. Was aber damals nur wenige begeisterte Werther-Leserinnen und Leser tun konnten, das tun heute Millionen Fans. Das Gespräch über Bücher ist Teil der gesellschaftlichen Reflexion und ist so vielfältig wie moderne Gesellschaften eben sind.

Der Perspektivenreichtum vom Trivialen bis zum Elaborierten setzt sich auch auf den sozialen Lese- und Schreibplattformen fort. Auf Plattformen wie »Goodreads«, »LovelyBooks« oder »Wattpad« kommen Millionen vor allem junger Leute zusammen, um sich über Literatur auszutauschen oder sie zu kreieren, weit mehr als sie im übrigen Literaturbetrieb zu finden sind. An Leidenschaft fehlt es hier nicht, wenn über populäre Lesestoffe, Neuerscheinungen, aber auch über Literatur für wenige wie etwa Goethes »Farbenlehre« diskutiert wird. Dabei ist man unter sich, unter Gleichgesinnten und Gleichgestimmten, die ein bestimmtes Fantasy-Genre oder eine bestimmte

Krimi-Reihe mögen oder jene Autorin besonders schätzen. Auch hier ist Lesen ein sozialer Akt, es verbindet und vergemeinschaftet.

Auf den weltweiten digitalen Plattformen wie »Wattpad« wird nicht nur gelesen, sondern auch geschrieben, selten in der literarischen Qualität eines künftigen Tolstoi oder Fontane. Es handelt sich dabei um Versuche, in Gattungen wie Fanfiktion und Teenfiction für Gleichgesinnte zu schreiben und sich im Schreiben von Literatur selbst auszuprobieren. Mehr als 100.000 neue Kapitel erscheinen auf »Wattpad« jeden Tag. Geschrieben werden sie vor allem von 12- bis 29-Jährigen, gelesen werden sie mit den Smartphones auf Schulhöfen und dann auch sofort kommentiert, manchmal Satz für Satz. Das schweißt zusammen und ist eine der wichtigen Leistungen von Büchern in modernen Gesellschaften. Wie einst die Leser Rousseaus im 18. Jahrhundert so kommentieren die jungen Literaturhungrigen heute zum Teil millionenfach den Fortgang der Handlung von »The Bad Boy's Girl« und sind ratlos, wie ihr Leben weiter gehen soll, wenn ihr Lieblingsroman zu Ende ist. Was einen guten Text ausmacht, wird intensiv gerade in den verschiedenen Fanfiktion-Foren eingeübt, aber auch auf anderen Plattformen. Eine eigene Fachsprache übersetzt Begriffe und Techniken des guten Erzählens und Ratschläge aus kreativen Schreibkursen in die Sprache von Jugendlichen. Stars der Literaturszene wie Schriftstellerin Anna Todd werden hier geboren. Auf den sozialen Plattformen wie »Wattpad« hat sie begonnen ihre »After«-Serie[2] zu publizieren, bevor daraus ein Welterfolg wurde und die Verlage sie unter Vertrag genommen haben. Darum sind auch Verlage mit Scouts auf solchen Plattformen wie »Wattpad« unterwegs, um den nächsten Star für ihr Verlagsprogramm zu finden. Der Filmstreaming-Anbieter Netflix scannt die erfolgreichen Spitzentitel, um Vorlagen für Filmserien rauszusuchen. Anna Todds Romane hat er natürlich verfilmt. Kurz, auf solchen digitalen Plattformen verbinden Bücher Menschen und das regional, aber auch global. Auf »Wattpad« schreiben auch Nicht-Muttersprachler zumeist auf Englisch. Hier entsteht das Weltpublikum der Zukunft.

Haben schon die sozialen Plattformen die bisherigen Akteure und Institutionen der Buch- und Lesewelten neusortiert und ihre Rollen, Funktionen und Reichweiten verändert, so kommen schon länger auch Selbstpublikationsplattformen und -verlage hinzu. Dort erscheinen jenseits des etablieren Literaturbetriebs jeden Tag hunderte neuer Titel und Schriftstellerinnen wie die Frankfurter Kriminalschriftstellerin Nele Neuhaus werden auf diesen

Plattformen zu Bestseller-Autoren. Bücher brauchen nicht unbedingt Verlage, um ihre Leser zu finden und um diskutiert zu werden. Dass auch in diesen Markt der Selbstpublikation BigTech-Firmen wie Amazon Kindle Direct Publishing eingestiegen sind, zeigt die Bedeutung dieses Segments des Buchhandels im 21. Jahrhundert. Die Verlagswelt des 21. ist auch hier eine andere als die des 20. Jahrhunderts.

Diese hier knapp umrissenen Entwicklungen sind noch nicht an ihr Ende gekommen. Ein Beispiel mag diese unglaubliche Dynamik der Buchwelt im 21. Jahrhundert illustrieren. Ich meine den amerikanischen Fantasy-Autor Brandon Sanderson, der mit seiner episch erzählten Fantasy-Reihe »Mistborn« ein Millionenpublikum erreicht. Erschienen sind seine Bücher bei Tor Books, einem Imprint der Verlagsgruppe des Holtzbrinck-Konzern, in Deutschland im Heyne-Verlag. Wäre das nicht schon genug, startete Sanderson 2020 eine Crowdfunding-Kampagne, um eine in Leder gebundene Ausgabe seines Romans von 2010 »The Way of Kings« zu finanzieren. Die Idee war, von den Fans über das Internet das nötige Geld für die aufwändige Neuausgabe zusammen zu bekommen. Auf der Plattform »Kickstarter« gab er vorab das Ziel aus, 250.000 Dollar einsammeln zu wollen. Nach nur drei Minuten war die Summe zusammen, am Ende der Aktion waren es fast sieben Millionen Dollar. Sanderson Buchfinanzierungs-Kampagne war damit 2020 die erfolgreichste »Kickstarter«-Initiative im Bereich Literatur. 2022 folgte eine weitere, nicht vom Verlag, sondern von den vielen begeisterten Leserinnen und Lesern finanzierte Kampagne. Mit einem YouTube-Video bat Sandersons um Unterstützung zur Finanzierung seiner nächsten fünf Romane. Innerhalb nur eines Tages hatten fast eine Million Menschen das Video gesehen und knapp vierzehn Millionen Dollar für Sandersons Buchprojekt bereitgestellt. Am Ende kamen 25 Millionen Dollar zusammen, um die nächsten Bände zu finanzieren. Das ist eine der höchsten Summen, die jemals in so kurzer Zeit auf einer Crowdfunding-Plattform zusammengekommen ist. Für Bücher ihrer Autoren geben die Leser gerne ihr Geld aus und bilden dabei zugleich eine Gemeinschaft von Leseenthusiasten.

Jeden Tag kommen so Bücher unter die Leserinnen und Leser. Das alles hat wenig mit dem etablierten Literaturbetrieb zu tun und hat ihn längst an Intensität und Umfang vielfach überrundet. Die Welt der Bücher ist eine andere geworden, weil die bisherigen Institutionen des Literaturbetriebs und ihre Hierarchien an Bedeutung verloren haben. Die Grenzen zwischen den

Rollen des Autors, Kritikers und Leser sind fließend geworden. Um ein Buch zu veröffentlichen, genügt eine Kindle-Plattform. Ob das Buch noch Papierseiten und einen Einband – vielleicht sogar aus Leder – hat, kann leidenschaftlich diskutiert werden oder unwichtig sein. Die Finanzierung der Bücher kann andere Wege als die über Verlage gehen. Die Grenze zwischen der etablierten Buchbranche und den vielen neuen Wegen des Büchermachens und Bücherlesens ist fließend geworden. Die Bedeutung verschiedener Rollen und das Gewicht verschiedener Akteure und Institutionen rund um das Buch, sie alle werden neu verhandelt. Festzuhalten aber lohnt sich, dass Buch und Lesen unverändert wichtig sind, ob in den anspruchsvollen Milieus der Buchkenner oder in den Fanfiktion-Foren und Kickstarter-Initiativen. Eine neue, vielfältigere Buchöffentlichkeit ist entstanden. Der digitale Strukturwandel der Öffentlichkeit baut fast alles um, neue Gemeinschaften sind entstanden, ohne dass sich der bisherige Literaturbetrieb aufgelöst hätte. Aber er ist grundlegend ein anderer geworden.

III.

Die Digitalisierung ist eine der Ursachen für diese Veränderungen. Andere kommen hinzu, besonders die generelle Liberalisierung der Lebensverhältnisse und die damit einhergehenden Entwertung etablierter kultureller Institutionen wie der Literaturkritik oder der Stellung der Verlage. Wir stehen erst an einem Anfang, denn die grundlegenden Veränderungen des Literaturbetriebs hat erst die Plattformen für den Austausch der Bücher verändert. Sie wird aber auch das Schreiben selbst verändern. Schon jetzt durchsuchen künstliche Intelligenzsysteme das Netz nach dem nächsten Spitzentitel. Empfehlungssysteme, ob für den Buchhandel, die das passende Buch für die Kundschaft heraussucht, oder Systeme, mit denen »Wattpad« die Millionen Titel nach Bestsellern durchleuchtet, sind ein Anfang der immer weiter technisierten Buch- und Lesewelt. Automatisierte Systeme wie »READ-O« empfehlen Lesern je nach emotionaler Gestimmtheit die richtigen Bücher zu ihrer jeweiligen Stimmung. Andere Systeme stellen automatisiert selbstpublizierte Neuerscheinungen im Literaturbetrieb der nächsten Jahre heraus, um Buchtitel und Autoren mehr Reichweite zu verschaffen. Noch weiter gehen KI-Systeme, die Artikel für Zeitschriften schreiben. Sie erstellen Pressemeldungen und unterstützten den Medienauftritt von Verlagen. Und selbst Manuskripte werden inzwischen automatisiert auf erfolgsversprechende Stoffe und Erzählweisen geprüft. Die Algorithmisierung der Buchwelt mit KI-Systemen beginnt gerade.

2019 brachte der Springer-Verlag das erste vollautomatisch erstellte Buch heraus, ein Fachbuch zur Lithium-Ionen-Batterieforschung mit dem Titel »Lithium-Ion Batteries. A Machine-Generated Summary of Current Research«. Sein Inhalt ist aus den Fachjournalen des Verlags durch ein KI-System geschrieben worden. Schon 2016 war es IBM gelungen, eine Fachzeitschrift durch ihr KI-System »Watson« schreiben zu lassen. Die Artikel der Zeitschrift, aber auch die Bilder und Bildunterschriften wurden vollständig durch »Watson« geschrieben. »Watson« hat die Journalisten schlicht ersetzt. Neben den Fachtexten, die aufgrund ihrer Fachsprache leichter maschinell zu erstellen sind, gibt es inzwischen viele Poesie-Bots, die Gedichte erstellen. Das kann auch für künstlerische Projekte genutzt werden wie etwa das der Schriftstellerin Berit Glanz. Sie lässt nach der Vorlage von Gemälden Gedichte durch eine künstliche Intelligenz schreiben. Noch scheitern derzeit alle Versuche, auch Romane automatisiert zu schreiben, zu komplex sind noch Figurengestaltung, Handlungsaufbau und Erzählweisen. Doch die wachsenden Speicherkapazitäten und immer elaborierteren Algorithmen erlauben das Zurückgreifen auf Milliarden von Texten, so dass es keine Spekulation ist, dass schon in wenigen Jahren auch Bestseller automatisch generiert werden. Schließlich kommen dann noch Vorlesesysteme hinzu, die es schon heute ermöglichen, Texte mit unterschiedlichen Stimmen und Profilen passend zum Inhalt vorlesen zu lassen. Hörbücher werden bald schon von Automaten eingesprochen werden. Kurz, was Autorschaft ausmacht und Verlegen bedeutet, wer Texte einspricht und wie der Buchhandel die Kunden zu den passenden Büchern führt oder auch was Leserinnen und Leser definiert, das hat sich schon verändert und es wird sich noch weiter verändern, wenn auch nicht unbedingt die Geschichten, die wir teilen.

Das Büchermachen, das Lesen von Büchern und der Betrieb um sie hören nicht auf, im Gegenteil. Sie alle werden wichtiger. Für uns als Gesellschaft im 21. Jahrhunderts sind Buch und Lesen wichtiger denn je. Das war hier gegen die vielen Klagen vom Ende des Buchs zu verteidigen: »Das globale Buchgeschäft erlebt die beste Zeit seit seinem Bestehen, also seit mehr als 500 Jahren«. ❧

Weiterführende Literatur

Gerhard Lauer: Lesen im digitalen Zeitalter. Darmstadt: wbg 2020.

Leah Price: What We Talk About When We Talk About Books. The History and Future of Reading. New York: Basic Books 2019.

Wolfgang Ullrich: Die Kunst nach dem Ende ihrer Autonomie. Berlin: Wagenbach 2021.

1 Markus Dohle, zitiert in der Frankfurter Allgemeinen Zeitung (11.10.2017), S. 18.
2 https://radiomephisto.de/news/die-macht-des-internets-5581.

Jeff Jarvis

Gutenberg and the world wide web

B Y THE SIX-HUNDREDTH ANNIVERSARY of Johannes Gutenberg's Bible, at the middle of this century, it is likely that every one of his inspired innovations in printing will have become archaic: Setting type a letter at a time was no longer necessary with the invention of the Linotype, which molded text a line at a time. Setting type with hot lead was made obsolete by cold type, which formed letters as shapes shone on photographic paper. Pressing ink onto paper to transfer words and images is being superseded by xerographic and ink-jet processes, which use electrical charges to adhere ink to the page. And now there is the internet, made of bits and pixels, which challenges all our notions of publication.

After Gutenberg's astounding run of more than half a millennium presiding over a culture of print, it is time to look back to look forward. This is our moment to examine the presumptions of print so as to question them and to explore new horizons. Presented with such change, the first temptation may be to rethink and then revise the forms we have known: What is a book without the confines of material covers? What is a newspaper that can change by the minute? What do the ephemeral printed forms of bureaucracy and life become when instead we fill databases with our vital statistics?

I now see this is the wrong way of thinking. It is perhaps the only way I can think, for I live in the end of text's age; I see the world through Gutenberg glasses. Gutenberg did not live in his own age; he lived in the end of the scribes' age, which did not cease until years after his death. He replicated the copyists' style and perfected and automated their work, just as publishers today still insist on publishing books, newspapers, magazines, shows, and advertisements on the internet, each still fundamentally recognizable as an old form realized in new technology. It was Gutenberg's descendents who created the next age, the age of print. It will be our descendents who build what succeeds it.

It takes time to break free of presumptions. I am fond of telling my journalism students that the first newspaper was published one-hundred-fifty years after Gutenberg, eventually replacing handwritten newsletters. About the same time, the modern novel and the essay also came to life. These genres, which we now see as self-evident uses of the press, took a century and a half to develop. Today, we are only a quarter-century past the introduction of the commercial web browser; by that reckoning, it is 1480 in Gutenberg years. We do not yet know what the web and the internet are or what all we can do with them.

Prediction is a fool's promise. I cannot presume to say what will become of publishing or culture in a connected world that affords everyone the prospect of owning a press. What I can do is interrogate the worldview of print and ask what may now change. This is what I attempt to do in the book I am writing entitled *The Gutenberg Parenthesis*, inspired by a theory of that name promulgated by an academic at the University of Southern Denmark, Tom Pettitt, and his colleagues.[1] It proposes that the age of Gutenberg was an exception in history and that we now have the chance to recapture the conversational nature of society before print.

You will note that I just said I am writing a book. I will not declare the book dead, for we still value its expectations of care and time, its promise of completeness and permanence. The net age need not kill that which came before. But it may dismantle institutions whose goals are better met in new ways, such as the one to which I devoted most of my journalistic career: the newspaper. Now is our moment to take stock of the institutions that depended on print, asking which will remain, which need to be updated, which will die, and what might be born to replace them. This is our moment of choice. I propose to question many of the concepts print fostered: scarcity as value; property and ownership; fixity and permanence; finitude and completeness; audience and the mass; gatekeeping and control; authority and the author. I do not know what comes of this examination, for the internet is yet to be fully realized. What norms, values, and institutions we retain or rebuild are choices still to be made. Instead, I will imagine the internet I believe we need, the internet I wish for.

I begin with the value of conversation. If the internet – specifically, the link – has taught me anything, it is that media should properly be understood not as the manufacture of a product called content but instead as a conversation society holds with itself. One could argue that Gutenberg and his press pre-empted the conversation of the town square. True, the press enabled more people to write and be read than manuscripts had allowed. The early days of print did foster conversation: see how Martin Luther debated in print with the popes and his opponents. But it also constrained who could speak to those who could write and those who owned a press or had access to it. I believe society lost the skill of discourse in media when print became mechanized and industrialized, with the entry – three and a half centuries after Gutenberg – of steam-powered, rotary presses, reducing the cost of books and newspapers so anyone could afford them, increasing the cost of printing presses so the wealthy would control them, and drastically increasing print's speed and scale. Media became mass, one-way, top-down, one-size-fits-all. But now, we can change that.

The net allows anyone who is connected to speak with anyone else who is connected. What we now hear as a result seems a cacophony after so many generations of speech controlled through print and its institutions: editors and publishers. Too much – but by no means all – of the speech we hear online is shouting, insult, even hate; that is what stands out and discourages us. The problem, I believe, is that thus far, the net has been built to speak, not to listen. I cherish that speech, for it presents so many voices not represented in mass media. But we need help to separate the wheat from the weeds. The next generation of the internet should provide us with means to find what and who are worth listening to. What speech is relevant to us, interesting, new, different, informed, intelligent, intriguing, challenging, creative, engaging, helpful? Editors are insufficient to the task, as are algorithms. I await something new, not a next search engine or social media company. Instead, I imagine some distributed, intelligent, human web of future critics, scholars, experts, and peers, aided by technology, to seek out and recommend the best.

Only when speaking is matched with listening on the net can we then engage in conversation. Only when we relearn the skill of conversation can we hold the proper debate – informed and productive, or rational and critical, as Jürgen Habermas described it – which makes up a public sphere. If we build a net for speaking, listening, conversation, and debate, who then speaks with whom? It can no longer be – as media have been – the powerful speaking to the rest, the mass. I resent mass media for the idea of the mass, which is fundamentally insulting to us all, seeing us as the anonymous lumpenpublic, melted into one. Mass media, mass marketing, mass manufacturing, mass culture expect us all to be the same, to like and buy the same things, to aspire to the same goals, to absorb the same messages, because that's all that was possible in Gutenberg's age of the ditto device of print (as Marshall McLuhan called it[2]). The net's giant platforms – Google, Facebook, Amazon – know and try to serve each of us as individuals and members of communities, while newspaper and TV networks still see us as integers adding up to a mass. Mass media never adequately represented the voices that social networks finally enabled with #BlackLivesMatter and #MeToo, leading to worldwide movements for equity and justice. Social media and its hashtags acted as platforms for people not just to speak but to find each other, join together, organize, and act.

A next generation of the net should do a better job of helping each of us find people with whom we share interests, needs, circumstances, tastes – not echo chambers or filter bubbles, as the net's critics would have it, but true communities, filled with people who care for each other. Then I hope this new net would build bridges among communities, trying to fulfill what I believe is the most critical need society has today: to make strangers less strange, to rob the demagogues of the power of The Other. I want a net where I can meet people who are not like me, where they feel free and safe to tell their stories, where we can learn more about each other, where we can find our common ties instead of what media too often try to present us with: our conflicts. The net cannot force us to do any of that; we must want to seek each other out on our own. But if we want to make those connections, a better net could help us do that. Too often, critics contend that the net brings out humanity's worst and that is the end of their story. I still hold out hope for a net that can bring out our best.

When we do get into conflicts – and we will – I hope for a net that allows us to reach out for knowledge and expertise to inform our debates. In the age of print, the author, the editor, and the publishing house were institutions created to assure quality and credibility, acting as gatekeepers. They in their present forms are inadequate to the task of sifting through the entire net to say who is right or wrong, who has earned authority. Media commentators often act as if Facebook should be edited like *Der Spiegel*. But as I am fond of pointing out, Twitter is not *The New York Times*; it is Times Square, where on any day one will hear people who are correct or incorrect, informed or misinformed, smart or not. We would not attempt to edit and vet the conversation there or in our corner bar, so why do we expect the conversation online to be any different, packaged and produced for our protection? Perhaps it is because when we see text on a page, we expect it to be the product of publishing with all that implies; those expectations are misplaced. In the conversational jumble that is the new, connected world, how will we find experts and authority, outside of books? Wikipedia has been one answer, where people pool their knowledge and check each other with remarkable results. Another might be expert networks. More than ever, we need to support one old institution, the university, to produce and accredit expertise.

Alongside editors and publishers, the other gatekeepers who emerged soon after print were the censors who tried to control the press, believing they could stamp out heresy, blasphemy, and sacrilege; sedition and revolt; lies and libels. In the process, they banned and burned books – as well as their authors and printers. They failed. Today, we hear demands to banish fake news and hate speech, disinformation and manipulation from the internet. The scale and speed of the net is greater, harder to handle than print, and so rather than hiring their own censors, as popes and princes and parliaments once did, today government and media demand that technology companies do the work for them, judging what of our speech is unacceptable, even illegal; they are then held to account for their inevitable and frequent failures. As an American raised to believe in the sanctity of our First Amendment and the value of freedom of expression, I get nervous when powerful governments, companies, and institutions collude to limit free speech, to argue that there is too much speech (but whose speech is too much?), and that speech is harmful. Too often in history, this has been a prelude to social control and repression of people and movements who might challenge old power. To be clear, on the net as in life, there is bad speech: bigotry, misogyny, hatred, harassment, lies, fraud, disinformation, manipulation, propaganda. Stipulated. But without research and without the data to inform it – which platforms should provide – it is impossible to judge how much of our speech on the net is actually noxious; I think it is overestimated. In any case, concentrating only on stamping out bad speech will not give us a better net; ultimately, as with the censors of old, the effort will fail.

We are looking at the net through the wrong end of the telescope, focusing only on the dark, blinding us from seeing the light. When printed books began, there were complaints of bad and dangerous books, of too many books filling peoples' minds or leading them astray. But eventually books became the hallmark and the pride of our enlightened society. In the last century, our culture has come to judge books and art according to the best of them, having learned to ignore the worst. When television was still new, it was judged by the most mediocre of the medium, so as to dismiss it entirely. Then television got better, sometimes much better. Today, the culture judges the infant internet by the worst of it, to condemn it completely, to blame it for practically all of society's ills. Journalists' treatment of the net lately amounts to moral panic, which sociologist Ashley Crossman defines as

> a widespread fear, most often an irrational one, that someone or something is a threat to the values, safety, and interests of a community or society at large. Typically, a moral panic is perpetuated by the news media, fueled by politicians, and often results in the passage of new laws or policies that target the source of the panic. In this way, moral panic can foster increased social control.[3]

That is an apt description of media's coverage of its competitor, the net, and of politicians' pronouncements about it, as the net is blamed for hatred and racism, as if these conditions did not live in us long before. Moral panic is a convenient means to gloss over society's need to honestly examine its real ills.

A leaked internal study at Facebook found that only one-hundred-eleven users were responsible for half the anti-vaccine content on the platform.[4] When deciding whom to blame for anti-science attitudes about the COVID vaccines, we can debate whether to focus on those one-hundred-eleven users, or on Facebook for allowing them to remain online or amplifying what they say, or on the people who want to believe what they say, or on external factors: for example, the former president of the United States or Rupert Murdoch's media empire spreading lies. The point is that one-hundred-eleven is a small number. They do not represent the entirety of Facebook or of online. There is also good on the net, more good than bad. There are wonderful writers and there is good journalism. There is access to unlimited information, instantly. There is engaging entertainment and a cocky spirit of fun. And who can't love the occasional cat video?

What excites me most about the net today is the conversation I can engage in with strangers who become new friends and with experts who educate me.

When the COVID pandemic began, I started curating a Twitter list of expert epidemiologists, virologists, geneticists, front-line doctors, and public-health officials; they soon numbered six-hundred.[5] I watched with fascination as, in the emergency, these scientists and doctors adapted to the open-information ecosystem of the net. They needed to share data and findings quickly, so they posted papers on open, online sites called preprint servers to shortcut the long process of peer-reviewed publication in journals. They still needed peer review – they have since Cicero – so the experts turned to Twitter to review papers there, with speed and thoroughness. New papers would be reviewed by a half-dozen prominent scientists within hours. The experts also used social media to explain the rapidly developing science of COVID to the public. They adapted to this open information ecosystem in weeks in ways in which my field, journalism, still has not in decades. Also on Twitter, as I researched *The Gutenberg Parenthesis*, I created a Twitter list of book historians. This is my happy place online, where I escape the news of the day to learn about what interests medieval and early modern scholars, to discover their presentations and books, sometimes to ask them questions.[6] Like the scientists, they are unfailingly generous with their expertise. These are but a few examples of what I find right about the net. They are small, even trivial examples, I grant, nothing so momentous as the birth of the essay or modern novel. But in these early experiments, I see the glimmer of a better net. The way to improve the net is not to condemn and focus attention on the worst of it. The way to improve the net is to encourage its best.

The means to financially support creation in print did not emerge until centuries after Gutenberg. The first advertisements – for publishers' own books, then other goods and services – appeared in Dutch newspapers in the early seventeenth century, subsidizing journalism. The first copyright law – England's Statute of Anne – came in 1710, turning writing into a tradable asset but one that, thanks to Gutenberg, could be copied over and again. Today, advertisements no longer gravitate toward relevant environments – for example, hotel ads in travel magazines – but instead toward data about any individual user's interests; content is commodified. And, of course, anything that is digital can be copied infinitely at no added cost. The once tried and true business models of content are becoming outmoded. Yet publishers of periodicals and books stubbornly insist on sticking to their old sources of revenue, as if this were their divine right. More important, they stick with their old metaphors for understanding creativity. For advertiser-supported content, content is a magnet for attention to be sold to marketers. For those who sell content, creativity is property, a thing to be owned.

Let us consider alternative worldviews. Think of creativity as an act, rather than as the artifact that results from it. Then it becomes possible to imagine different models to support it, including collaboration. Here's a rather silly example: One day in the midst of the pandemic, I saw someone on Twitter suggest that Dolly Parton's song *Jolene* should be rewritten as *Vaccine*, in honor of the miracle shot's invention and of Parton's million-dollar contribution to vaccine research. Soon enough, someone else on Twitter wrote those lyrics. Next someone recorded and shared himself singing them via YouTube. Then, when she got the shot herself, Parton sang her own version for all to hear, on Twitter. There is a string of cultural collaboration – inspiration, creation, performance, adaptation, promotion, distribution – that would not be supported in the narrow confines of copyright. This is why, in a project with the World Economic Forum at Davos, I proposed an alternative to copyright, which I call creditright: a means to record and reward and thus encourage all those behaviors in a new realm of creativity that values and supports the act as much as the product.[7] Creativity before print was often supported by patronage – from princes and popes – and today is again underwritten by fans' patronage through donation platforms like Patreon and Kickstarter. And keep in mind that many people have long created not for the money but for the love of it. See what happened in music when digital invaded its realm: there was an explosion of songwriters and performers. According to former Spotify chief economist Will Page, writing in the *Financial Times*, 55,000 songs are released every *day* in the UK, which is as many as were released every *year* in the 1980s.[8] Of course, not all of these creators make a living at it – just as not every writer made a living in books – and the biggest acts may not be as big as they used to be. But today, thanks to the net's disruption, we have more songs in more genres than we ever could hear before. We have more music.

Another characteristic – a value – of print is its permanence. Elizabeth Eisenstein, who as much as founded the academic discipline of book history with her monumental 1979 work, *The Printing Press as an Agent of Change*, focused on print's fixity as important in the development of the intellectual life of print culture. One of her critics, Adrian Johns, argued in response that the early days of print were not fixed and reliable but filled with errors and changes and uncertainty about the source of books. Both were right. It took years before the press developed its reputation for stability, but it did, and that became a cornerstone of print. To an author, print offers something even greater than permanence: the hope of immortality.

Historians of print will remind us that the press also produced much that was ephemeral: the indulgences that Gutenberg and early printers made; broadsheets and song sheets pasted on the walls of taverns and homes; forms and contracts; and the medium made to expire faster than milk – the newspaper. "Indeed," wrote Richard Terdiman, "the daily newspaper was arguably the first consumer commodity: made to be perishable, purchased to be thrown away."[9] Like books, ephemeral print had profound impact on society, feeding bureaucracies built on printed forms and laws, and a public sphere built on discussion of news. In the digital age, so much is evanescent. When I spoke with Eisenstein before her death, she boasted that Gutenberg's Bible had already lasted far longer than digital data trapped on disk formats that were already obsolete. (Soon thereafter, I finally threw away a box of five-inch disks, having no computer that could read them any longer.) Some social platforms are designed to be fleeting, their posts disappearing in a short time so as not to embarrass us in the future. It is time for us to decide what should be saved and what should not. That question is at the heart of our debate over data and privacy: what should be kept, who has the right to decide what is remembered (does one participant in a conversation have veto power over the memory of another?), who should have access to it, how it should be used. It is a critical discussion. I worry that out of overcautious fear over how data could be used, we would lose useful knowledge about us, about our health, our culture, our heritage. We need to support archivists and librarians of the internet and continue to debate ethics and standards of the preservation and use of data.

So far, I have discussed the net in the context of our vestigial worldview carried over from print culture. But we should be careful not to fall into the trap of seeing the future only in the analog of the past. My colleagues in media think of the net as a new medium, like print and broadcast; to them, it is just another place to publish content. I do not see the net as a medium; instead, I've come to see media as a subset of the net, alongside so many other sectors of society drawn into its gravity: communications are now entirely inside the net; social media started there; education was being pulled online and the pandemic sped that up; the same can be said of retail and government. So it is important to consider not only the legacies of print in the digital era, but also to examine core characteristics of digital and data. The internet connects anyone to anyone, edge to edge, thus it abhors middlemen and gatekeepers; institutions that made their money by charging tolls at roadblocks are in peril. The internet creates abundance; those who find value in owning scarcity should beware. The internet connects not only people to people but machines to machines and data to data; much of its power and value will be unseen. Any institution involved in these activities will need to examine its role in a changing world: what functions are still needed; what functions are better done by other means or elsewhere; what new needs arise; what new opportunities do new technologies present?

It is critical to see beyond the technology to focus on what can be done with it. Gutenberg solved myriad technological problems of metallurgy, chemistry, materials science, and production to bring the press to life. Print is a technology. But what was more interesting than the technology was what people could do with it. The internet is a technology. Someday, we will see past its wires and algorithms, its geeks and moguls, to better grasp what all can be done with it. To help organize my thinking, I see what used to be thought of as publishing splitting into multiple paths. First is author- and artist-driven creativity. That will remain, I have no doubt. Alongside it, though, will be collaborative, public creation. I gave one small example above in Dolly Parton's *Vaccine*. Another is TikTok, perhaps the first net platform built specifically to enable collaboration. What appears on it is mostly momentary and fun, but that is what I expect the early stages of experimentation to look like. The line between these first two paths will be porous as authors learn the joy of conversing and creating with the people formerly known as the audience (to borrow the phrase of New York University Professor Jay Rosen). Next is a large category I think of as service. This is where journalism belongs, for its value is not in making content or even telling stories but instead in helping improve the public conversation, making it more informed and productive. Education, too, is a service that produces outcomes, though they must not be limited to getting graduates jobs but should continue to foster higher goals: to give students skills for critical thinking and context for life; to provide expertise; to research society's important questions. And then there is a giant path I'll call data. Much of what print did in recording, analyzing, and presenting our information is, of course, already taken up by machines, which now have so much more data and greater capability to find patterns and make predictions from them. My taxonomy does not end up far from the structure for knowledge proposed by Jean le Rond d'Alembert and Denis Diderot in the 1780 *Encyclopèdie*: imagination (which here I call creativity), reason (service), and memory (data). The world does not change so much as our perception of it does, and even then it does not stray far.

Print has been credited and sometimes blamed for larger shifts in society. Gutenberg was the early industrialist who brought scale, speed, and standardization – an assembly line – to craftsmanship. Add water- and steam-power and electricity, plus mining for fuels and metals, plus transportation and communication networks on road and water and eventually we arrive at the Industrial Revolution. Gutenberg was the early entrepreneur who had to seek risk capital – from his partner, Johann Fust – to pay for the paper, metal, labor, experimentation, and space needed to produce books before customers could buy them. Printing is often called a catalyst of capitalism. In his theory of print-capitalism, Benedict Anderson says that the market for vernacular print standardized dialects into languages and helped draw the boundaries and concepts of nations and nationalism.[10] ("A dialect," said Umberto Eco, "is a language without an army and navy."[11]) Print was the tool Martin Luther used to spark the Reformation, challenging the hegemony of the Church, opening doors to other worldviews, perhaps leading as well to the Enlightenment. Print has been indicted in many revolutions since. The book helped seed change in research and science as scholars no longer needed to travel to the information they needed; it could travel to them, eventually providing many minds with the same information so they could collaborate and compete over distance and time. Printing – with the important addition of postal networks – led to a culture of news, information, and debate that some say created the modern public. Habermas has said the public sphere was born in the coffee houses and salons of eighteenth century England and Europe and others say it came earlier and elsewhere, but print played its role in any case. As I said above, print also stoked the engines of bureaucracies in the modern state. The book revolutionized education – allowing students to read on their own rather than being read to – thus, it is also said, fundamentally revising our idea of childhood. And reading, once silent and solitary, drew us into ourselves, affecting our interaction with others and our perspectives of our own lives.

None of these outcomes in the age of print was preordained by the technology. I am no technological determinist. I laugh that most of the technological determinism I see comes from the dystopians who argue that the internet is the ruin of present-day society, that Google makes us stupid or Facebook makes us evil, as if either could be so simple. Moving past print does not mean we move past the changes in which print was implicated. Will the internet challenge or entrench capitalism? So far, the answer is the latter, as big corporations became the net's proprietors, but I will insist it is still early days. Will the net play more of a role in the long-overdue racial Reformation we see in America, or in the counter-Reformation of the Trumpists and white supremacists? It is still, sadly, too early to tell. Will technology lead us to become more solitary, as the dystopians warn, or will it help us to connect to and collaborate with people in richer ways? I don't yet know.

Each of the profound changes in society in the litany I just presented came as a result of innumerable factors, not just print, and of the choices people made that became possible only partly because of print. The internet provides us with so many new choices. It is up to us whether the paths we choose are good or bad – if we can even predict the impact of our choices. This is why I believe it is important to study the decisions made by our ancestors, in earlier transitions – not because history repeats itself but because there are lessons to be learned with time and perspective. It is also why I believe it is important to study the internet, its impact on society and the opportunities it presents, to foster the design, creation, and improvement of the next generation of the net. I am too old to see where this change will lead us. If it is indeed 1480 in Gutenberg years, then our Martin Luther may not be born yet and we might have a Reformation and, God help us, a Thirty Years' War ahead before arriving at our era's equivalents of the birth of the newspaper, the creation of copyright, the first innovations in the printing press, and finally its replacement. Some say the change we are undergoing is happening rapidly, with unprecedented speed. I think not. I believe it is occurring slowly, which is to say that the disruption could be even more momentous than we can imagine and we are at the mere beginning of it. This gives me hope, for we have the time and opportunity to improve our future with the choices we make about technology, our environment, and our cultures. We may fail. We may succeed. We have Johannes Gutenberg to thank not only for print but for the example of change his era provides.

And what happens to the book? Very little, I think. It took so long for the book to become the book with all that we imbue in it – authority, permanence, voice, art – that I think its position in our culture is secure. We have so romanticized its materiality, its heft, even its smell that it is hard to imagine it dying, especially not at the hands of the clumsy e-book and the Godforsaken PDF. The book, I hope, will continue forever, not as a relic of Gutenberg's past but as a living being. It will live, however, in a new ecosystem of media, conversation, information, data, and connection. For some good time, I believe, the book will remain our cultural pinnacle. "The book," said Eco, "is like the wheel. Once invented, it cannot be bettered."[12] ❧

1 See this interview with Tom Pettitt and Lars Ole Sauerberg of the University of Southern Denmark in the Columbia Journalism Review: https://archives.cjr.org/the_audit/the_future_is_medieval.php.

2 Marshall McLuhan and Quentin Fiore, The Medium is the Massage: An Inventory of Effects, Gingko Press, 2001, n.p.

3 Ashley Crossman, "A Sociological Understanding of Moral Panic," ThoughtCo., July 14, 2019. https://www.thoughtco.com/moral-panic-3026420.

4 Washington Post report here: https://www.washingtonpost.com/technology/2021/03/14/facebook-vaccine-hesistancy-qanon/.

5 COVID Twitter list available here: https://twitter.com/i/lists/1237834151694303234.

6 Book history wonks Twitter list available here: https://twitter.com/i/lists/1277345666356981762?s=20.

7 For more on creditright see this chapter, "The Link Economy and Credtright," in my book, Geeks Bearing Gifts, available online: https://medium.com/geeks-bearing-gifts/the-link-economy-and-creditright-95f938b503be.

8 Will Page, "The music industry makes more money but has more mouths to feed," Financial Times, Feb. 19, 2021. https://www.ft.com/content/77768846-a751-45ec-9a12-20fff27ddefb.

9 Richard Terdiman, Discourse/Counter-Discourse, Cornell University Press, 1989, p. 120.

10 Benedict Anderson, Imagined Communities, Verso, 2006, pp. 36–46.

11 Jean-Claude Carrière, Umberto Eco, and Jean-Philippe de Tonnac, This is Not the End of the Book, Harvill Secker, 2011, p. 303.

12 Ibid. p. 122

Further Reading

Jarvis, Jeff: What would Google do? Reverse-engineering the fastest-growing Company in the History of the World. New York: Harper Collins 2009.

Jarvis, Jeff: Was würde Google tun? Wie man von den Erfolgsstrategien des Internet-Giganten profitiert. München: Heyne 2009.

Jarvis, Jeff: Public parts. How sharing in the digital Age improves the Way we work and live. New York: Simon & Schuster 2011.

Jarvis, Jeff: Tout nu sur le web: Plaidoyer pour une transparence maîtrisée. Paris: Pearson 2011.

Jarvis, Jeff: Mehr Transparenz wagen! Wie Facebook, Twitter & Co. die Welt erneuern. Köln: Quadriga digital 2012.

Jarvis, Jeff: Magna Charta des Netzes. In: Forschungsjournal Soziale Bewegungen. Analysen zu Demokratie und Zivilgesellschaft 26 (2013), H.2, S. 55–59.

Jarvis, Jeff: Ausgedruckt! Journalismus im 21. Jahrhundert. Klumbach: Plassenverlag 2015.

Abstracts

Stephan Füssel   **Foreword**

THIS ANTHOLOGY provides reflections on the significance and impact of Johannes Gutenberg's inventions and shows their further agile development up to the present day. The occasion for this book is the currently discussed new conception of the Gutenberg Museum in Mainz.

When the museum was founded in 1900, scientific expertise met with the city's civic commitment. Parallel to the World Exhibition in Paris, both the historical significance of the invention and the high level of the contemporary printing industry around 1900 were exhibited in a representative manner. In addition to the printing presses, the products, the books for 450 years, were also on display. The current redesign is now intended to keep the history of Gutenberg's life and impact alive and to highlight the importance of book printing for society.   *SF*

Stephan Füssel   **The father of mass communication,**
                                          Johannes Gutenberg – a portrait

LITTLE IS KNOWN about Johannes Gutenberg's life story, compared to what we know about his impact as the inventor of letterpress printing in Western Culture.

From his history of impact, one can trace Gutenberg's importance for world media history. The humanists around 1500 remembered the first media revolution in the 4th millennium B.C. with the transition from orality to writing and rejoiced that Gutenberg's technical inventions had created a second media revolution, that made the dissemination of knowledge and education possible for everyone.

The first printed book of significance was a Latin Bible, the Vulgate. The creative merchant Gutenberg offered it to both the Pope and the Emperor. In addition, smaller prints, so-called bread articles, such as indulgence letters, grammars and calendars were produced. By 1500, there were 300 printing offices in Central Europe, which printed about 28,000 titles in about 12 million copies.

The pamphlets, as forerunners of the newspaper, and the prints in connection with Luther's Reformation of the church created an additional application for the new technical medium.   *SF*

Jürgen Wilke   **Book and newspaper – a creative interrelationship**

BOOKS AND NEWSPAPERS are two closely related media of communication, if only because they were, and both are produced with the help of printing technology. As a result, they also have an almost equally long history. According to the rules of functional differentiation, however, they have developed specific tasks and characteristics, but remained connected to each other in a creative interrelationship. Although the newspapers emancipated themselves from the "mother medium" in terms of technical production, they served it in many ways in terms of content.

Thus, they opened to book criticism or served to preprint novels and publish other types of texts that could be collected in books. The connection of both media is also evident in the digital age in the proximity of e-books and e-papers. Newspapers are used for current information, books for background knowledge.   *JW*

112

Harald Böning   **Popular print media in the century of the Enlightenment**

THIS ESSAY ADDRESSES traditional popular print media in the century of the Enlightenment, which continues to include religious prints, the Bible, devotional books, catechisms and hymnals, as well as ABC books and primers since the Reformation. Among the secular reading materials is the calendar, the most popular secular print medium, which is hardly missing in any household and was one of the first media used to popularize the Enlightenment, along with pamphlets, newspapers and magazines. The new popular print media of the enlightened secular include, in particular, economic writings for the rural population, popular enlightenment writings in catechetical form, entertaining teachings, colportage writings and the most widely distributed work of popular enlightenment, the *Noth- und Hülfs-Büchlein* by Rudolph Zacharias Becker, with half a million copies.   *HB*

Gerhard Lauer   **The literary world today**

CONTRARY TO THE COMMON opinion that all attention belongs to digital media, it shows how unchanged the reading of books still is. Not only are the sales figures for the book industry very good, but people are also reading more and young people in particular. They are the ones who use social media to exchange ideas about books, publish poems and continue writing well-known novels themselves. Digital reading platforms like "Wattpad" have almost a hundred million members. It is therefore no exaggeration to say that the book has its future ahead of it, particularly in the digital society.   *GL*

Jeff Jarvis   **Gutenberg and the world wide web**

THE CLOSE OF GUTENBERG'S AGE affords us the opportunity to examine the presumptions of print –its permanence, authority, and scale – as we enter the connected age of the internet. We may learn lessons from society's transition into print's time as we leave it, but we need be careful not to judge the future in the analog of the past; the net is something new, not media. It is early; we are but a quarter-century from the dawn of the web – by that reckoning, it is only 1480 in Gutenberg years. Now as then we seek ways to support creativity when so many more have the tools of creation and collaboration, to hold productive public conversation when speech is more abundant, and to improve discourse without controlling it.   *JJ*

Mainzer Studien zur Buchwissenschaft

Herausgegeben von Stephan Füssel

24: Corinna Norrick-Rühl

panther, rotfuchs & Co.

rororo-Taschenbücher für junge Zielgruppen im gesellschaftlichen Umbruch der 1970er und 1980er Jahre

2014. 433 Seiten, 27 Abb., 6 Tabellen, gb
ISBN 978-3-447-10169-1
⊙E-Book: ISBN 978-3-447-19302-3
je € 58,– (D)

25: Stephan Füssel, Ute Schneider (Hg.)

Meilensteine buchwissenschaftlicher Forschung

Ein Reader zentraler Quellen und Materialien
In Zusammenarbeit mit einer
Studierendengruppe

2017. VI, 440 Seiten, 4 Abb.,
2 Diagramme, 7 Grafiken, 3 Tabellen, br
170x240 mm
ISBN 978-3-447-10600-9
⊙E-Book: ISBN 978-3-447-19518-8
je € 19,90 (D)

Buchverlage können zeitnah gesellschaftliche Bewegungen aufnehmen; sie können Themen gezielt aufarbeiten und in den Medien platzieren. Gerade die Debatten der Studentenbewegung in den 1960er- und 1970er-Jahren wurden maßgeblich durch – neue oder neu positionierte – Verlage beeinflusst und befördert, unter anderem durch linke oder „antiautoritäre" Kinder- und Jugendliteratur. Als etablierter Verlag gründete Rowohlt 1972 die Taschenbuchreihe *rororo rotfuchs* für 4- bis 14-Jährige. Mit Slogans wie „rotfuchs springt auf jeden Tisch: Hier sind meine Bücher – zisch!" bewarb Rowohlt die Markteinführung. Die Reihe polarisierte stark, da sie in sehr hohen Auflagen gesellschaftskritische Literatur für junge Leser verbreitete. Zum Beispiel rückte sie Ungerechtigkeit gegen Minderheiten in den Fokus; es entstanden emanzipatorische Bücher. Als Aushängeschild der Reihe galt der schlaue rote Fuchs, der sich im Logo und in einem Comic auf der Rückseite des Buchs wiederfand. Aufbauend auf dem Erfolg von *rotfuchs* gründete Rowohlt 1979 die Reihe *rororo panther* für junge Erwachsene. Hier sollten realistische und alternative Themen für 14- bis 20-Jährige aufgearbeitet werden. *panther* sorgte mit der Themenwahl von Wehrdienstverweigerung und Drogenmissbrauch über Homosexualität und Abtreibung für Schlagzeilen.
Corinna Norrick-Rühl analysiert sozialgeschichtlich diese zwei Taschenbuchreihen, die in den 1970er- und 1980er-Jahren Motoren sozialen Wandels waren. Die verlagshistorische Perspektivierung wird dabei ergänzt durch Einblicke in Entwicklungsprozesse auf dem bundesdeutschen (Taschen-)Buchmarkt und in der Kinder- und Jugendliteratur.

Ein Master-Seminar der Studierenden der Mainzer Buchwissenschaft hat sich ein Semester lang mit den wichtigsten Quellen und der Forschungsliteratur zu Themen der Buchwissenschaft beschäftigt. Entstanden ist ein reich dokumentierter Reader, der zum ersten Mal im deutschen Sprachgebiet die wichtigsten Quellen und kulturhistorischen Zeugnisse zur Geschichte des Buches, Impulse für die Buchforschung, theoretische Aspekte und Modelle und schließlich aktuelle Forschungsfelder in ausgewählten Textbeiträgen vorstellt. Die wichtigsten deutsch- und englischsprachigen Texte werden im Original, Dokumente aus den anderen Sprachen in deutscher Übersetzung wiedergegeben. Jeder Originaltext ist mit einem einleitenden Kommentar versehen, der diesen Text in den jeweiligen wissenschaftsgeschichtlichen Zusammenhang einordnet und weiterführende Literatur bietet.
Ein Studienbuch für die Hand jedes Studierenden, der sich mit der Rolle und der Bedeutung des Buches und der Buchforschung beschäftigt, und darüber hinaus für jeden kulturhistorisch Interessierten.

VERLAG PUBLISHERS
HARRASSOWITZ

Christoph Reske (Hg.)

Kontext Buch

Festschrift für Stephan Füssel

2020. 312 Seiten, 15 Abb., 1 Tabelle, gb
170x240 mm
ISBN 978-3-447-11415-8
⊙ *E-Book: ISBN 978-3-447-19990-2*
je € 68,– (D)

Die Festschrift erscheint anlässlich der Verabschiedung des Buchwissenschaftlers Prof. Dr. Stephan Füssel aus dem aktiven Dienst der Johannes Gutenberg-Universität Mainz. Sie wird herausgegeben von Christoph Reske und spannt analog zur Lehre und Forschung des Geehrten einen großen Bogen zu verschiedensten Aspekten und virulenten Fragen der Buchwissenschaft in ihrem interdisziplinären Kontext.

Neben *Grundlegendem* zur Bedeutung von Bibliotheken, der Materialität des Buches, zur Verzeichnung von Inkunabeln, zu Medienkonvergenz und Lesegewohnheiten wie auch zum Stand der Buchwissenschaft selbst, treten *Ereignisse und Phänomene*, die von Makulatur in Inkunabeln, Bücherverbrennungen in Mainz, religiösen Aspekten beim Drucken in England und deutsch-französischem Kulturtransfer in Orléans handeln. Schließlich gibt es Beiträge zur Rolle von *Autoren und Verlegern*, etwa zur Autorenfrage der Kölnischen Chronik, den Anfängen des Pränumerationswesens und des Frauenromans in Deutschland, zu Friedrich Schillers Wirken in Dresden, der Bedeutung US-amerikanischer Literatur für den Rowohlt-Verlag oder zur Autor-Verleger-Beziehung des späteren französischen Kriegsministers mit der Société typographique sowie von Karl Jaspers und Ferdinand Springer.

Die Autoren sind anerkannte Forscher der Buchwissenschaft, der Philologien, der Geschichts- und Sozialwissenschaften aus Deutschland, USA, Frankreich und Argentinien.

Stephan Füssel (Hg.)

Gutenberg-Jahrbuch 97 (2022)

2022. 288 Seiten, 72 Abb., 4 Tabellen, Ln
210x297 mm
ISBN 978-3-447-11859-0
€ 98,– (D)

Das *Gutenberg-Jahrbuch* zeichnet sich als internationales buchwissenschaftliches Publikationsorgan durch seine große thematische Bandbreite aus. Die typographisch hochwertig gestalteten Bände mit ca. 300 Seiten beinhalten um die 25 Fachbeiträge in deutscher, englischer, französischer, italienischer oder spanischer Sprache. Zentrales Anliegen des Gutenberg-Jahrbuchs ist die wissenschaftliche Erforschung von Leben und Werk Johannes Gutenbergs. Daneben wird eine weit gefächerte Palette an buchhistorischen, buchkünstlerischen, technischen und medientheoretischen Themen behandelt. Der Herausgeber Prof. Dr. Stephan Füssel ist u. a. ordentliches Mitglied der Historischen Kommission des Börsenvereins und Autor zahlreicher Publikationen vom Frühdruck bis zur Bedeutung des Buches in der Gegenwart.

Aus dem Inhalt (insgesamt 14 Beiträge):

Elisabeth Rudolph, Versuch und Irrtum. Über die *Register der Irrung* in den Destillierbüchern Hieronymus Brunschwigs

Riccardo Olocco, The spread of the Scotus roman (1481) and variations in its character set

Anna Dlabačová, The Fifteenth-Century Book as a "Work in Progress." *The Dynamics of Dissection and Compilation in the Workshop of Gerard Leeu (d. 1492)*

Paul Schweitzer-Martin, Innovation und Kooperation in der Inkunabelproduktion: Der Druckort Speyer

Catherine Rideau-Kikuchi, Des contrats pour imprimer: une étude comparative (Italie du Nord, 1470–1500)

Sven Behnke & Matthias Bley & Matthias Bollmeyer & Detlef Haberland, Die illuminierte Polydeukes-Ausgabe aus der Bibliothek von Willibald Pirckheimer (Aldus Manutius 1502). *Ein Fund in der Landesbibliothek Oldenburg*

Falk Eisermann, Neue Publikationen zur Inkunabelforschung: das Jahr 2021. Mit Nachträgen zum Jahr 2020

Ralf de Jong, Martin Majoor und die Comma Base

VERLAG H PUBLISHERS

HARRASSOWITZ